Christiane Hof

Köstlich kochen

ohne Milchzucker

W0342583

Dieses Buch soll Ihnen helfen, gesund zu leben.
Es kann kein Ersatz für die Untersuchung und den Rat einer erfahrenen Ärztin oder eines Arztes sein, insbesondere wenn Sie krank sind. Suchen Sie deshalb unbedingt eine Ärztin oder einen Arzt Ihres Vertrauens auf, wenn Sie das Gefühl haben, Sie sind nicht gesund.

Bildnachweis
Alle Bilder: Paxmann/Teutsch Buchprojekte, München

Ehrenwirth ist ein Imprint der Verlagsgruppe Lübbe
ISBN 3-431-04059-4
© 2003 by Verlagsgruppe Lübbe GmbH & Co. KG, Bergisch Gladbach
Redaktionelle Bearbeitung: Dr. Elke Sander
Umschlag: Paxmann/Teutsch Buchprojekte, München
Umschlagfoto: Jump Fotoagentur, Hamburg
DTP und Layout: Paxmann/Teutsch Buchprojekte, München
Druck und Einband: Westermann Druck Zwickau GmbH
1 3 5 4 2
Printed in Germany

Sie finden uns im Internet unter: http://www.luebbe.de

Christiane Hof

Köstlich kochen
ohne Milchzucker

Ehrenwirth

Inhalt

Vorwort

1988 wurde unsere Tochter Ann-Kathrin geboren. Wie in jeder Familie stellte dieser Familienzuwachs unseren Haushalt auf den Kopf, im wahrsten Sinne des Wortes. Nachdem sie sich zunächst prächtig entwickelt hatte, fing sie an, die Nahrung zu verweigern. Sie reagierte mit Durchfällen, Erbrechen und hatte einen ballonartig aufgeblähten Bauch. Die Durchfälle wurden zeitweise blutig. Ein Klinikaufenthalt folgte dem nächsten. Die Ärzte diagnostizierten eine Allergie nach der anderen. Bis ein Arzt endlich die Diagnose Milchzuckerunverträglichkeit, d. h. Laktoseintoleranz stellte, verging eine lange Zeit. Wir waren nach dieser Diagnose glücklich, denn von nun an wussten wir, gegen welche Krankheit wir kämpfen konnten. Natürlich musste bei unserer Tochter erst eine komplette Darmsanierung durchgeführt werden, da in Folge der langjährigen Schädigung der Darmschleimhaut auch die Darmzotten in Mitleidenschaft gezogen waren. Einige Jahre strenger Diät liegen hinter uns, aber sie haben sich gelohnt. Heute ist Ann-Kathrin ein normaler Teenager, der bei der Ernährung hauptsächlich nur noch auf zwei Dinge achten muss: Keine Milchprodukte und keinen Fisch.

Hatte ich nach der Diagnose anfangs noch gejubelt, weil ich glaubte den Milchzucker aus der Nahrung wegzulassen sei gar nicht so schwierig, musste ich bereits nach kurzer Zeit feststellen, dass dies gar nicht so einfach war. Fertigprodukte und die so genannte „Schnelle Küche“ mussten entfallen. Milchzucker wird bei Fertigprodukten oft als Stabilisator und Emulgator eingesetzt, davon ist auch Konservenkost betroffen. Also lautete meine Devise: „Zurück zur Natur“. Ich vermied von nun an Tüten, Konserven, Fertigprodukte und griff mehr und mehr auf natürliche, frische Nahrung zurück. Soßen kaufte ich nicht mehr fertig, sondern rührte sie zusammen. Die gute alte Mehlschwitze kam und kommt bis heute in vielseitigen Varianten auf den Tisch, immer wieder anders abgewürzt. Da unsere Tochter nach wie vor heftig auf Laktose reagiert, ist es mir auch zur Gewohnheit geworden, keine fertigen Würzmischungen zu verwenden. Im Sommer greife ich gerne auf frische Kräuter zurück. Im Winter ersetze ich sie durch getrocknete, die im

Handel erhältlich sind. Selbst Mayonnaise lernte ich wieder nach Omas Kochbuch herzustellen.
Als bei meinem Mann fünf Jahre nach der Geburt unserer Tochter dann ebenfalls die Diagnose Laktoseunverträglichkeit gestellt wurde, war mir klar, dass ich keine „Extraküche" mehr für unsere Tochter brauchte, sondern einfach komplett auf milchfreie/milchzuckerfreie Ernährung umstellen musste. Ziemlich lustlos kaufte ich ein Kochbuch nach dem anderen, um an „milchfreie" Rezepte zu gelangen, aber im Laufe der Jahre häuften sich immer mehr Rezepte in meinem „Archiv". Irgendwann reifte dann der Gedanke, ein Kochbuch für Ann-Kathrin zusammenzustellen. Dann kam mir der Gedanke, eine Rezeptsammlung als kleines „Handbuch" für Menschen mit Laktoseintoleranz zu machen, um über die Anfangsschwierigkeiten der neuen Ernährung hinwegzuhelfen. Einige Jahre vergingen mit Experimenten, die meine Familie aufessen musste. Dabei ist es für mich zur Gewohnheit geworden, ohne Milch- und Milchprodukte zu kochen und zu backen. Natürlich stammen die Rezepte nicht alle aus meinem Kopf. Ich erhebe keinesfalls den Anspruch, alle selbst erfunden zu haben. Einige Rezepte wurden auf Laktosefreiheit abgeändert, wie z.B. Lasagne, die auch ohne Käse schmecken sollte. Folglich habe ich die Zutaten einfach verändert. Viele andere habe ich unseren Bedürfnissen angepasst und in den Rezepten immer auf die verdeckten Risikoquellen für Milchzucker hingewiesen.
Interessanterweise zählt Pizza zu den Lieblingsgerichten unserer Tochter, obwohl sie diese ohne Käse essen muss. Sie kompensiert den Käse durch Zutaten. Hauptsache Pizza! Deshalb ist auch dieses Rezept im Buch erwähnt, was manch einen verwundern mag. Mit einem Schuss Sojasahne übergossen, erinnert sie jedoch dann an Flammkuchen.

Ziel meines Ratgebers ist es, über die Anfangsschwierigkeiten der „Küchenumstellung" hinwegzuhelfen, bis man sich sicher genug fühlt, selbst zu experimentieren. Ich hoffe, dass mir dieses gelingt und wünsche einen „Guten Appetit".

Hinweise und Tipps

(Bitte für die nachfolgenden Rezepte unbedingt beachten!):

- Meine Erfahrung zeigt, dass Milchzuckerintoleranz in der Regel: „Finger weg von Billigprodukten und Fertigprodukten," bedeutet. Diese Produkte sind leider oft mit Milchzucker (Laktose), der auch als Stabilisator und Emulgator eingesetzt wird, verarbeitet.

- Lesen Sie stets die klein gedruckte Produktdeklaration.

- Produktdeklarationen geben Ihnen keine endgültige Sicherheit. Unter einem bestimmten Prozentsatz müssen bestimmte Zutaten nicht aufgeführt werden. So können zum Beispiel auch Konserven Milchzucker enthalten, ohne dass dieser auf der Packung ausgewiesen wurde. Hier greift man besser zur Tiefkühlkost oder kauft im Reformhaus ein.

- Fragen Sie bei Ihrem Metzger, welche Bindemittel er für Wurst benutzt. Wenn Sie eingelegtes Fleisch kaufen, achten Sie auf die Würzmischung.

- Meiden Sie Kalbfleisch. Dadurch dass Kälber nur mit Milch großgezogen werden, enthält ihr Fleisch hohe Rückstände an Milchzucker. Besonders empfindliche Personen können bereits hierauf reagieren.

- Fragen Sie ebenso Ihren Bäcker speziell nach den Emulgatoren und Stabilisatoren. Milchfreies Brot bedeutet noch lange nicht, dass der Milchzucker nicht als Emulgator oder Stabilisator eingesetzt wurde.

- Paniermehl können Sie prima selber machen, wenn Sie altes Weißbrot trocknen lassen und mit einer elektrischen Mühle zerkleinern.

- Fertige Brühwürfel und Instantpulver für Gemüsebrühe kaufe ich grundsätzlich im Reformhaus.

- Meiden Sie Gewürzmischungen. Es könnte Milchzucker (Laktose) als Stabilisator oder Emulgator enthalten sein. Stellen Sie sich ihre Würzmischungen aus getrockneten Kräutern selbst zusammen. Verfahren Sie ebenso mit reinen Gewürzen.

- Pflanzenmargarine kaufe ich ebenfalls nur im Reformhaus. Hier gibt es ein vielfältiges Produktsortiment ohne Laktose. Zum Backen eignen sich in der Regel die festeren Sorten, dann verlaufen die Backwaren nicht so sehr. Zum Braten kann man ohne weiteres auf weichere Pflanzenmargarine zurückgreifen.

Dieses Zeichen macht Sie auf die Zutaten aufmerksam, die evtl. Milchzucker enthalten könnten.

Hier noch ein allgemeiner Hinweis:

Eine gute Hilfe war mir persönlich eine Liste der deutschen Zöliackie-Gesellschaft e.V. Diese Liste enthält eine Aufstellung glutenfreier Lebensmittel. Da die Glutenunverträglichkeit oft mit einer Laktoseunverträglichkeit einhergehen kann, sind viele laktosefreie Lebensmittel nach Herstellern geordnet in der Liste aufgeführt und gekennzeichnet. Kinder werden begeistert auf die Liste der Süßigkeiten zurückgreifen und manch Erwachsener sicher auch.

Diese Tipps weisen nur auf die Lebensmittel hin, bei denen am häufigsten übersehen wird, dass Milchzucker enthalten ist. Wer mehr über Milchzuckerintoleranz und das Vorkommen von Laktose wissen will, kann im Ehrenwirth-Ratgeber Laktose-Intoleranz von Thilo Schleip nachlesen.

Mein Ziel war ein Ratgeber mit Rezepten.

In diesem Buch wird unter jedem Rezept der Hinweis gegeben, wo nach meinem jetzigen Wissensstand Milchzucker verdeckt enthalten sein kann. Hier sollte man anfangs auf die speziellen Produkte aus dem Reformhaus zurückgreifen.

Dieser Hinweis erhebt nicht den Anspruch der Vollständigkeit. Durch Änderungen in Produktrezepturen kann es immer wieder zu Fehlerquellen kommen, daher ist es sinnvoll, immer auf die Produktdeklarationen zu achten.

Verwendete Abkürzungen in diesem Buch:

1 TL	=	1 Teelöffel
1 EL	=	1 Esslöffel
g	=	Gramm
kg	=	Kilogramm
l	=	Liter
cl	=	Centiliter
ml	=	Milliliter

Die Backzeiten für den Elektro-Herd sind für Ober- und Unterhitze berechnet.

Vorspeisen

Jede der aufgeführten Suppen ist als Vorspeise geeignet.
Ein frischer Salat der Saison mit einem raffinierten Dressing (z. B. aus dem Soßenkapitel) ist ebenfalls stets als Vorspeise geeignet.

Zutaten

1 Honigmelone pro Person, 3 breite Scheiben Schwarzwälder Schinken, Pro Person 9 Blätter Rucola, frische Petersilie

Honigmelone mit Schwarzwälder Schinken

1. Honigmelone halbieren und entkernen. Dann mit einem speziellen Löffel kleine Kugeln herausschälen.
2. Jeweils drei Scheiben Schwarzwälder Schinken auf einem Teller sternförmig anordnen.
3. Zwischen die Schinkenscheiben je drei gewaschene Blätter Rucola schieben.
4. In die Mitte des Sternes einige Kugeln der Honigmelone auftürmen.

! *Nach meinem Wissensstand keine Produkte im Rezept, die Milchzucker enthalten könnten.*

Zutaten

Pro Person 3 dünne Scheiben kalter Bratenaufschnitt, Trauben, geriebener Meerrettich, 1 Kopfsalat

Kalter Braten mit kalter Rotweingelee-Soße

1. Kalte Rotweingelee-Soße herstellen:
   2-3 EL Rotweingelee, Zitronensaft nach Geschmack, 1 TL Zwiebeln (möglichst klein gerieben!), 1 EL Senf, 4 EL Rotwein, Pfeffer, Salz, 1 Prise Zimt
   Rotweingelee unter Wärme verflüssigen, die restlichen Zutaten nach Geschmack zugeben. Mit Zimt, Pfeffer und Salz abschmekken.
2. Salat waschen, abtropfen lassen.
3. Teller mit Salatblättern auslegen.
4. Die drei Bratenscheiben mittig in Lagen auf den Teller legen.
5. 1 EL Meerrettich, 1 EL kalte Rotweingelee-Soße neben den Braten geben.
6. Mit Trauben garnieren und tellerweise servieren.

! *Gewürze, Meerrettich, Senf*

Makrele mit Meerrettich

1. Kopfsalat waschen, schöne helle grüne Blätter heraussuchen.
2. Tomaten in Scheiben schneiden.
3. Petersilie waschen und in kleine Sträußchen zerteilen.
4. Pflanzenmargarine mit einem speziellen Löffel zu Kugeln formen.
5. Makrelenfilet auf den Teller legen, links einen Klecks Meerrettich und eine Pflanzenmargarinekugel dazusetzen. Das Ganze mit Salatblättern, Tomatenscheiben und Kopfsalat garnieren.
6. Dazu Weißbrot reichen.

Zutaten

Pro Kopf ein großes Makrelenfilet und 1 Scheibe Weißbrot, Meerrettich, Pflanzenmargarine, 1 Kopfsalat, Tomaten, Petersilie

! *Meerrettich, Pflanzenmargarine, Weißbrot*

Spargel-Schinken-Röllchen

Zutaten

Pro Kopf zwei kurze Stangen Spargel und eine Scheibe runden, gekochten Schinken,
1 Kopfsalat,
Tomaten,
Pflanzenmargarine,
Petersilie,
Mayonnaise

1. Kopfsalat waschen, schöne helle grüne Blätter heraussuchen.
2. Tomaten in Scheiben schneiden.
3. Petersilie waschen und in kleine Sträußchen zerteilen.
4. Pflanzenmargarine mit einem speziellen Löffel zu Kugeln formen.
5. Schinken halbieren, ein kleines helles Blatt Kopfsalat (ohne das feste Innenteil) darauf legen und zwei Spargelstangen darin einwickeln, die auf die Länge des Schinkens gekürzt werden.
6. Ein großes Blatt Kopfsalat in die Mitte des Tellers legen, eingewickelten Spargel darauf legen. 1 Klecks Mayonnaise und 1 Kugel Butter dazulegen. Das ganze mit Tomatenscheiben und Petersilie garnieren.
7. Dazu Weißbrot reichen.

Wer die Mayonnaise selber zubereiten will, verwende das Mayonnaise-Grundrezept wie folgt:

Zutaten

2 Eigelb,
Salz, Pfeffer,
1 ½ TL Senf,
1 Prise Paprika,
1 TL Zitronensaft,
⅛ l Salatöl

Wichtig: Alle Zutaten sollten Zimmertemperatur haben!

1. Eigelb , Salz, Pfeffer, Paprika, Senf und Zitronensaft kräftig mit dem elektrischen Mixer verrühren.
2. Dann erst tropfenweise das Öl zufügen und kräftig rühren.

! *Pflanzenmargarine, Mayonnaise, Senf, Weißbrot*

Suppen

Gemüsesuppe

1. Gemüse wässern, säubern, kochen.
2. 2/3 des Gemüses pürieren.
3. Nach Belieben das pürierte Gemüse mit Kochwasser auffüllen, so dass ein dickflüssiger Brei entsteht.
4. Brühwürfel in etwas Kochwasser des Gemüses auflösen und in den Gemüsebrei einrühren. Mit Pfeffer und Salz abschmecken.
5. Vor dem Servieren das restliche, nicht pürierte Gemüse einrühren.

Zutaten

1 kleinen Broccoli,
1 kleinen Romanesco,
1 kleinen Blumenkohl,
Kochwasser des Gemüses,
1 Gemüsebrühwürfel,
Pfeffer, Salz

Variante I:

Mit einem Schuss Sojasahne verfeinern.

Variante II:

Wer keine Sojasahne mag, kann auch nach dem Rezept "Helle Mehlschwitze" eine dickflüssige Grundsoße mit dem Kochwasser zubereiten und in das pürierte Gemüse eingießen.

! *Pflanzenmargarine, Sojasahne, Würfel für Gemüsebrühe*

Zutaten

2 große Gemüsezwiebeln,
2 Stangen Lauch,
4 große Karotten,
1 kleines Stück Sellerie,
1 Liter Gemüsebrühe,
Pflanzenmargarine,
frische Petersilie,
Pfeffer, Salz

Klare Gemüsesuppe

1. Zwiebeln schälen und in schmale Ringe schneiden.
2. Lauch waschen, ebenfalls in Ringe oder Streifen schneiden.
3. Karotten und Sellerie waschen und in kleine Würfel schneiden.
4. Pflanzenmargarine im Topf erhitzen. Erst die Zwiebeln zugeben und leicht andünsten, dann das restliche Gemüse zufügen und leicht dünsten (ca. 20 Minuten insgesamt).
5. Langsam mit Brühe auffüllen und durchgaren.
6. Mit Pfeffer und Salz abschmecken.
7. Petersilie waschen und klein hacken, in die Suppe einstreuen.

Abwandlung I:

Statt Sellerie kann man auch Erbsen in die Brühe einrühren, diese sollten aber nicht mit angedünstet werden, sondern nur in der Brühe garen.

! *Pflanzenmargarine, Gemüsebrühe*

Knackige Gemüsesuppe mit Brechbohnen

1. Gemüse waschen, putzen, schälen und würfeln (außer den Bohnen!).Thymian abbrausen, trockenschütteln, die Blättchen abzupfen. Zwiebeln abziehen und fein würfeln.
2. Bohnen waschen, säubern und in mundgerechte Stücke teilen.
3. Die Pflanzenmargarine in einem Topf erwärmen. Eine gewürfelte Zwiebel darin glasig dünsten. Das gesamte Gemüse hinzufügen und ebenfalls andünsten. Die Brühe angießen, das Lorbeerblatt zufügen und alles zusammen kurz aufkochen. Bohnenkraut zugeben.
4. Dinkelnudeln dazugeben und alles ca. 10 Minuten köcheln lassen.
5. Petersilie abbrausen, trockenschütteln und hacken. Die zweite Zwiebel schälen, hacken und mit der Petersilie und Olivenöl in einem Mörser zerstampfen, so dass sich eine Paste bildet. Mit Pfeffer und Salz würzen.
6. Lorbeerblatt aus der Suppe entfernen.
7. Tofu mit dem Petersilienpesto bestreichen und gewürfelt auf die Suppe legen. Anschließend servieren.

! *Gemüsebrühe, Gewürze, Pflanzenmargarine, Petersilienpesto, wenn man es nicht selbst herstellt.*

Zutaten

80 g Brechbohnen, 1/2 Bund Suppengrün, 1/2 Zucchini, 3 Zweige Thymian, 1 Zweig Bohnenkraut, 2 Zwiebeln, Pflanzenmargarine, 350-400 ml Gemüsebrühe, 1 getrocknetes Lorbeerblatt, 1 Messerspitze geriebene Muskatnuss, Salz, Pfeffer, 30 g Dinkelnudeln, 1 Bündel Petersilie, 1 EL Olivenöl, 1 Scheibe geräucherter Tofu

Kräutersuppe

1. Kartoffeln waschen und schälen. Zwiebel schälen, hacken.
2. Einen Topf mit der Gemüsebrühe auf den Herd stellen, die Kartoffeln und Zwiebel zugeben, kurz aufkochen und ca. 15 Minuten köcheln lassen.
3. Kräuter und Spinat waschen, danach grob hacken. Ebenfalls in die Brühe geben und wenige Minuten ziehen lassen, abschließend einmal kurz aufkochen. Mit dem Pürierstab alle Zutaten zerkleinern, Salz, Pfeffer und Sahne hinzugeben und servieren.

Möchte man die Suppe am Vortag richten, den Spinat noch nicht zufügen. Spinat erst vor dem Aufwärmen pürieren und in die Suppe geben!

! *Gemüsebrühe, Gewürze, Pflanzenmargarine, Sojasahne*

Zutaten

250 g mehlig kochende Kartoffeln, 1 Zwiebel, 1 l Gemüsebrühe, 1 Bund Petersilie, 1 Bund Schnittlauch, 1 Kästchen Kresse, 150 g Spinat, 100 g Sojasahne, Meersalz, Pfeffer

Spinatsuppe

Zutaten

450 g tiefgefrorener grüner Spinat,
1 große Zwiebel,
1 EL Pflanzenmargarine,
$^1/_2$ l Gemüsebrühe,
250 ml Sojasahne,
Salz, Pfeffer,
Muskat,
Biobin

Garnitur:
3 hart gekochte Eier

1. Zwiebel schälen, würfeln.
2. Pflanzenmargarine im Suppentopf erwärmen, Zwiebel und tiefgekühlten Spinat zugeben und andünsten.
3. Wenn die Zwiebeln goldgelb sind und der Spinat angetaut ist, mit Gemüsebrühe auffüllen.
4. Mit Biobin abbinden.
5. Vom Herd nehmen, Sojasahne einrühren und mit den Gewürzen abschmecken.

Die hart gekochten Eier schälen und in Scheiben schneiden. Sie sehen hübsch als Garnitur auf der Suppe aus.

Wer mag, kann die Sojasahne und das Biobin weglassen und mit einer hellen Mehlschwitze abbinden.

! *Gemüsebrühe, Gewürze, Pflanzenmargarine, Sojasahne. Beim Spinat darauf achten, dass er nicht mit Sahne angereichert wurde.*

Hauptgerichte

Aufläufe

Chicoréeauflauf

1. Chicorée vorbereiten, waschen, den inneren weißen Kern keilförmig herausschneiden.
   Pflanzenmargarine in einem großen Topf erhitzen. Den Chicorée und die Gewürze hinzugeben, bei geschlossenem Topf ca. 10 Minuten andünsten. Dann 20 ml Wasser hinzufügen und weitere 20 Minuten dünsten. Chicorée entnehmen, Kochwasser aufheben.
2. Mehlschwitze herstellen:
   Pflanzenmargarine zerlassen, Mehl darin langsam anwärmen (bei kleiner Hitze!). Unter ständigem Rühren etwas Brühe (Kochwasser des Chicorée) hinzufügen, bis die gewünschte Sämigkeit erreicht ist. Mit Gewürzen abschmecken.
3. Auflaufform fetten.
4. 3 Chicorée werden in jeweils 2 Scheiben gekochten Schinken gewickelt und in die Auflaufform gesetzt. Restlichen Chicorée und Schinken in Streifen schneiden und mit in die Auflaufform geben. Soße in die Auflaufform gießen.
5. Das Ganze im Backofen bei 220°C 30 Minuten garen.

Zutaten

6 Chicorée,
Pflanzenmargarine,
Salz, Pfeffer,
Muskat,
20 ml Wasser,
8 Scheiben gekochter Schinken

Soße:
50 g Pflanzenmargarine,
50 g Mehl,
½ – ¾ l Gemüsebrühe (Kochbrühe des Chicorée verwerten),
evtl. Salz

Wer die Mehlschwitze nicht mag, kann alternativ das Ganze mit 250 ml Sojasahne im Backofen garen. Den Gemüsebrühwürfel dann in die Sahne geben.

! *Gemüsebrühwürfel, Gewürze, Pflanzenmargarine, Sojasahne*

Schales

Zutaten

*1,5 kg Kartoffeln,
3 Stangen Lauch,
1 TL Salz, Pfeffer, Muskat,
1 gehackte Zwiebel,
2 Eier,
250 g Dörrfleisch,
Pflanzenmargarine*

1. Die Kartoffeln schälen, grob reiben.
2. Den Lauch waschen, in kleine Ringe schneiden. Kartoffeln, Zwiebel und Lauch mischen, Gewürze, Eier dazugeben.
3. Pflanzenmargarine in einer Pfanne zerlassen und Dörrfleisch darin etwas anbraten, dann zur Lauch-Kartoffelmasse geben.
4. Die Masse in eine ausgefettete Auflaufform geben.
5. Ca. 2 Stunden im Backofen bei 180 °C garen. Unterste Einschubhöhe. Achtung, bei zu starker Bräunung mit Folie abdecken.

Am besten schmeckt dieses Gericht, wenn es in der Bratpfanne nach dem Backen scheibenweise angebraten wird. (Lässt sich daher auch prima am Vortag zubereiten.)

! *Gewürz,
Pflanzenmargarine*

Sauerkrautauflauf

Zutaten

*½ kg Sauerkraut,
Kartoffelpüree (von ca. 1 kg Kartoffeln),
1 Ring grobe Leberwurst,
Fett für die Auflaufform*

*Kartoffelpüree:
1 kg mehlig kochende Kartoffeln,
½ l Kochwasser der Kartoffeln,
5 EL Pflanzenmargarine,
4 TL Salz, Muskat*

1. Kartoffeln schälen, waschen und in einen Topf geben. Mit Wasser auffüllen, 4 TL Salz hinzufügen, dann auf den Herd setzen und ca. 15-20 Minuten kochen lassen. (Bis die Kartoffeln weich sind.)
2. Nach dem Garen vom Herd nehmen, 1/2 l des Kochwassers aufheben, den Rest abschütten. Die Kartoffeln zerdrücken und mit dem elektrischen Handmixer das restliche Kartoffelwasser unterrühren. Die 5 EL Pflanzenmargarine zufügen und verrühren.
3. Wer es gerne noch feiner mag, kann auch einen Schuss Sojasahne unterrühren.

Auflauf:

Auflaufform fetten

4. Schichtweise füllen: Kartoffelpüree, Sauerkraut, grobe Leberwurst … Die letzte Schicht muss Kartoffelpüree sein!
5. Maragarineflöckchen auf die Form setzen.
6. In den Ofen setzen, unterste Schiene. Bei 180°C ca. 45 Minuten backen. Oberste Schicht eventuell mehrmals mit Pflanzenmargarine nachfetten.

! *Leberwurst, Pflanzenmargarine,
Sojasahne*

Geflügel

Chinesische Putenpfanne

Zutaten

100 g Reis,
Salz,
300 g Putenschnitzel,
1 Zwiebel,
½ Chilischote,
100 g Sojasprossen,
300 g Paksoi oder Spinat,
2 EL Sesam,
2 EL Öl,
200 ml Gemüsebrühe,
4 EL Sojasoße,
Chinawürzmischung,
Szechuan-Pfeffer,
Chili-Pulver

1. Reis in Salzwasser geben und bei schwacher Hitze ca. 20 Minuten quellen lassen.
2. Sesam kurz in der Pfanne anrösten.
3. Szechuan-Pfefferkörner in der Pfanne anrösten, anschließend in einem Mörser zerkleinern.
4. Putenschnitzel in schmale Streifen schneiden. Zwiebel schälen und klein hacken, Chilischote längs aufschneiden, entkernen und in feine Streifen schneiden. Sprossen waschen, Paksoi oder Spinat in Streifen schneiden.
5. Öl erhitzen. Putenstreifen darin kurz anbraten. Zwiebel, Chili, Paksoi oder Spinat mit den Sprossen zugeben und mitbraten. Mit Brühe und Sojasoße ablöschen und ca. 2-3 Minuten schmoren. Sesam darüber streuen und zusammen mit dem Reis servieren. Das ganze mit Szechuan-Pfeffer und der China-Würzmischung abschmecken.

! *Gemüsebrühe,*
Gewürze

Hähnchen mit Ananas

Zutaten

1 Hähnchen,
Salz, Pfeffer,
Paprika edelsüß,
50 g Pflanzenmargarine,
250 g Ananasstücke,
150 ml Ananassaft,
150 ml Wasser,
Speisestärke

1. Hächnchen waschen, trockentupfen, mit Salz, Pfeffer, Paprika würzen. Pflanzenmargarine erhitzen, Hähnchen darin anbraten.
2. Nach dem Anbraten, Ananassaft und Wasser hinzufügen, ca. 30 Minuten schmoren lassen. Dann Ananasstücke hinzufügen.
3. Mit der Speisestärke abbinden.

Zum Verfeinern: Sojasahne

Beilage: Reis

! *Gewürze, Pflanzenmargarine,*
Sojasahne, Speisestärke

Zutaten

1 Hähnchen,
Salz, Pfeffer,
Paprika,
1 Zwiebel,
4 mittelgroße Äpfel,
2 Scheiben Weißbrot,
Sojasahne,
50 g Rosinen,
1-2 TL Zucker,
ca. 1 kg Wirsing,
3-4 EL Öl,
Pfeffer, Salz,
Muskat,
ca. 1/4 l Apfelsaft

Hähnchen mit Apfelfüllung auf Wirsing

1. Hähnchen waschen, trockentupfen, mit Pfeffer, Paprika und Salz würzen.
2. Füllung: Zwiebel schälen und würfeln. Zwei Äpfel waschen, Kerne entfernen und würfeln. Brotscheiben in Sojasahne einweichen, zerpflücken. Alle Zutaten dieser Füllung mit Rosinen und Zucker mischen.
3. Hähnchen mit der Füllung ausstopfen und mit einem Spieß die Öffnung schließen. Ca. 75 Minuten bei 175°C im Backofen in einem Bräter garen.
4. Wirsing putzen und waschen, in Streifen schneiden. Im Öl im Topf andünsten, mit Pfeffer, Salz und Muskat abschmecken. Nach ca. 15 Minuten mit Apfelsaft ablöschen, dünsten bis der Wirsing weich ist.
5. Die letzten beiden Äpfel waschen, von Kernen befreien und in kleine Spalten schneiden. Ca. 5 Minuten auf dem Wirsing mitdünsten.
6. Alles zusammen auf einer Platte servieren.

Beilage: Salzkartoffeln, Herzoginkartoffeln, Kroketten

! *Gewürz, Pflanzenmargarine, Sojasahne, Weißbrot*

Hähnchenfilets unter Blätterteig

Zutaten

6 tiefgefrorene milchfreie Blätterteigplatten, 1 Bund Suppengrün, 400 g Champignons, 2 Hähnchenfilets, 6 EL Olivenöl, Salz, Pfeffer, Chilipulver, 3 EL Weinbrand, 200 ml Gemüsebrühe, 100 g Sojasahne, 2 EL Speisestärke, 1 Eigelb

1. Blätterteigplatten nebeneinander legen und auftauen.
2. Suppengrün putzen, in Würfel schneiden. Pilze putzen, halbieren. Hähnchenfilets in Streifen schneiden.
3. Hähnchenstreifen mit Pfeffer, Chili und Salz würzen, in Olivenöl anbraten. Dann herausnehmen.
4. Pilze im Bratfett anbraten, Gemüse zugeben und mitdünsten. Mit Weinbrand und Gemüsebrühe ablöschen. Soße mit Stärke binden und aufkochen. Alles vom Herd nehmen. Sojasahne und Hähnchenfilets einrühren.
5. Die gesamte Masse in die Auflaufform geben. Die Blätterteigplatten darüber legen. Überstehenden Teig abschneiden. Verzierungen aus Teigresten auf die Platten kleben. Alles mit Eigelb bepinseln.
6. Ofen vorheizen:
   E-Herd: 200°C, Umluft: 175°C, Gas: Stufe 3

Backzeit: 20-25 Minuten

! *Blätterteig, Gemüsebrühe, Gewürz, Sojasahne, Speisestärke*

Hähnchen-Reis-Pfanne

Zutaten

2 Hähnchenschnitzel, Paniermehl, 1 Ei, Pfeffer, Salz, Chilipulver, 2 Beutel Reis, 500 g Erbsen-Möhren Tiefkühl-Mischung (oder anderes Gemüse), Ketchup und 125 ml Wein, Rosmarin, Bohnenkraut und Salbei, Olivenöl, Wasser, 125 ml Gemüsebrühe, 2 EL Pflanzenmargarine

1. Reis abkochen.
2. Gemüse in Pflanzenmargarine andünsten, mit Brühe auffüllen.
3. Hähnchenschnitzel in Streifen schneiden. Die Hälfte mit Paniermehl panieren. In der Pfanne mit Olivenöl kross anbraten.
4. Die andere Hälfte mit Pfeffer, Salz und Chilipulver würzen. Unpaniert in Olivenöl anbraten, leicht mit Wasser ablöschen. Reis und Gemüse hinzufügen.
5. Ketchup und Wein beigießen, nochmals abschmecken und bei Bedarf nachwürzen. Panierte Hähnchenschnitzel kurz vor Ende der Garzeit beifügen.

Beilage: Nudeln, Reis

! *Gemüsebrühe, Gewürze, Ketchup, Pflanzenmargarine*

Hähnchen im Römertopf mit Rotweinsoße

Zutaten

4 Hähnchenschenkel, Salz, Pfeffer, Zitrone, Pflanzenmargarine, 1 Zwiebel, 130 ml Rotwein, 2 cl Weinbrand, 1 Bund Gartenkräuter, 1 Würfel Gemüsebrühe, 2 EL Kräuter der Provence, Muskat, Paprika edelsüß, Chili-Pulver, 50 g Champignons, 50 g geräucherter Speck in Streifen, Speisestärke, 200 ml Wasser

1. Hähnchenteile waschen, pfeffern, salzen und mit etwas Zitronensaft beträufeln. Zusätzlich mit Paprika und Chili-Pulver einreiben. In den gewässerten Römertopf legen, mit Speckstreifen belegen. Rotwein mit Gemüsebrühwürfel und die frischen gehackten Gartenkräuter hinzufügen. Zwiebel schälen, würfeln und ebenfalls hinzugeben. Topf schließen und 60 Minuten bei 250°C schmoren.
2. Topf öffnen, Soße in einen extra Topf abgießen, Hähnchenteile mit Pflanzenmargarine bepinseln und im offenen Geschirr bei 220° noch 10 Minuten bräunen lassen. Einen EL Kräuter der Provence zugeben.
3. Champignons kurz mit Pflanzenmargarine in der Pfanne schwenken, Soße hinzugießen, mit Muskat und dem zweiten EL Kräuter der Provence abschmecken. Mit Speisestärke binden. Den Weinbrand hinzufügen. Je nach Bedarf mit etwas Wasser verlängern (oder Rotwein).

Zum Verfeinern: Sojasahne
Beilage: Herzoginkartoffeln, Salzkartoffeln, Reis

! *Gemüsebrühwürfel, Gewürze, Kräuter, Pflanzenmargarine, Sojasahne, Speisestärke*

Hähnchenbrustfilets mit Spinat und Kartoffeln

Zutaten

2 Hähnchenschnitzel, 600 g Kartoffeln, 600 g frischer Blattspinat, Pfeffer, Salz, Paprika, Muskat, 2 Zwiebeln, 1 EL Pulver für Gemüsebrühe, 2-3 EL Wasser, etwas Olivenöl

1. Kartoffeln als Quellkartoffeln abkochen (Kartoffeln 20 Min kochen, anschließend pellen und in Würfel schneiden).
2. Hähnchenbrustfilets in Olivenöl braun anbraten, anschließend mit Paprika, Pfeffer, Salz und Muskat würzen, aus der Pfanne nehmen und in einen Teller legen. Warm stellen.
3. Kartoffeln mit einer geschälten und gewürfelten Zwiebel im Olivenöl anbraten, Hähnchenfilet hinzufügen.
4. Spinat in Olivenöl mit einer klein gehackten Zwiebel andünsten. Gemüsebrühepulver in den 2-3 EL Wasser auflösen, in den Spinat gießen. Alle restlichen Zutaten zum Spinat geben und ca. 5 Minuten zusammen garen.

! *Gemüsebrühepulver, Gewürze, Pflanzenmargarine*

Griechischer Schmortopf

1. Fleisch würfeln, Zwiebeln in Spalten schneiden, Knoblauch fein hacken, Kartoffeln schälen und vierteln. Zucchini in Stücke, Tomaten in Spalten schneiden.
2. 2 EL Öl erhitzen, Zwiebeln, Zucchini und die Hälfte des Knoblauchs in der Pfanne ca. 5 Minuten anbraten. Mit Salz und Pfeffer würzen. Aus der Pfanne nehmen und beiseite stellen.
3. Restliches Öl zum Bratfett geben, erhitzen und Fleisch darin portionsweise anbraten. Mit Pfeffer, Salz, Paprika und Knoblauch würzen. Kartoffeln, Bohnen und Tomatenspalten zufügen. Mit Weißwein, $^{1}/_{8}$ l Wasser und Tomatensaft ablöschen, kurz aufkochen lassen. Zugedeckt bei mittlerer Hitze ca. 20 Minuten garen.
4. Zucchini und Zwiebeln zufügen, weitere 10-15 Minuten schmoren. Kräuter grob hacken und unterrühren. Nochmals mit Pfeffer und Salz abschmecken, anschließend servieren.

Abwandlung: Wer Lammfleisch liebt, kann das Putenfleisch durch Hackfleisch vom Lamm ersetzen.

! *Gewürze*

Zutaten

600 g Putenfleisch,
2 Knoblauchzehen (oder nur 2 Zwiebeln),
2 Zwiebeln,
250 g Kartoffeln,
200 g Zucchini,
3 Tomaten,
3-4 EL Olivenöl,
Salz, Pfeffer,
75 ml trockener Weißwein,
$^{3}/_{8}$ l Tomatensaft,
400 g enthülste dicke Bohnen,
Paprikapulver,
1 Zweig Rosmarin,
$^{1}/_{2}$ Bund Thymian,
$^{1}/_{2}$ Bund Oregano

Hackfleischgerichte

Zutaten

500 g gemischtes Hackfleisch,
Pfeffer, Salz,
1 Zwiebel,
1 Prise Chilipulver,
1 TL Kräuter der Provence,
1 getrocknetes Wasserbrötchen,
1 Ei, Paniermehl (selbst gemacht!),
2 EL Pflanzenmargarine

Frikadellen

1. Brötchen in Wasser einweichen und ausdrücken.
2. Zwiebel schälen und würfeln.
3. Hackfleisch mit ausgedrückter Brötchenmasse, Ei und Kräutern, Gewürzen, Zwiebel und Salz mischen.
4. Kleine Bällchen formen, in dem Paniermehl wenden.
5. Pflanzenmargarine in Pfanne erhitzen, Frikadellen darin kräftig anbraten.

Beilage: Bratkartoffeln und Feldsalat

! *Brötchen, Gewürze, Kräuter, Pflanzenmargarine, Paniermehl*

Zutaten

2 Pellkartoffeln,
400 g gemischtes Hackfleisch,
1 Ei,
1 TL Salz,
½ TL Pfeffer,
1 EL Senf,
1 EL gehackter Schnittlauch

Füllung:
100 g gewürfeltes Dörrfleisch,
1 kleine Zwiebel,
1 großer Apfel,
1 Bund Petersilie,
1 Bund Schnittlauch,
1 Ei,
1 EL Rosinen

Gefüllte Hackfleischrolle

1. Pellkartoffeln schälen und pürieren, dann mit Hackfleisch, Ei, Senf, Schnittlauch, Pfeffer und Salz mischen.
2. Hackfleischmasse auf Pergamentpapier rechteckig ausrollen (ca. 30 x 20 cm).
3. Apfel schälen, entkernen und möglichst klein würfeln. Zwiebel ebenfalls schälen und würfeln. Petersilie und Schnittlauch waschen, trocknen und hacken. Apfel, Zwiebel, Rosinen, Schnittlauch und Petersilie mit dem Ei mischen, Dörrfleisch unterheben. Alles auf der Hackfleischmasse verteilen.
4. Aus dem Ganzen eine Hackfleischrolle formen.
5. Bräter mit Pflanzenmargarine ausfetten, dann die Hackfleischrolle hineingeben. Die Rolle im vorgeheizten Backofen (225°C) 40 Minuten braten. Zwischendurch mit Pflanzenmargarine bepinseln. (Alternativ kann man auch Speckstreifen auf die Oberfläche legen.)

Beilage: Bratkartoffeln und frischer grüner Salat

! *Gewürze, Pflanzenmargarine, Senf*

Gefüllte Paprika im Römertopf

1. Paprikaschoten waschen, Deckel abschneiden, Kerne entfernen.
2. Tomaten überbrühen, häuten, würfeln.
3. Zwiebeln schälen würfeln.
4. Hackfleisch, 1 Zwiebel, Ei, Pfeffer, Salz und Kräuter vermischen.
5. Paprikaschoten mit der Masse füllen und in den gewässerten Römertopf setzen. Die Brühe, 4 EL Ketchup, 1 Zwiebel und die gewürfelten Tomaten hinzufügen. Topf schließen.
6. In die unterste Schiene im Backofen einsetzen und bei 220°C ca. 60 Minuten backen.
7. Paprikaschoten entnehmen, warm stellen. Soße aus dem Bräter in einen Topf umgießen, auf die Herdplatte setzen und nach belieben mit Speisestärke binden. Mit Pfeffer, Salz und Kräutern würzen.

Zum Variieren: Beim Binden Sojasahne zugeben und zusätzlich Paprikastreifen oder Champignons in die Soße geben.

Zutaten

500 g gemischtes Hackfleisch, 4 große Paprikaschoten, 2 Zwiebeln, Salz, Pfeffer, 1 Ei, Gartenkräuter nach Geschmack (Petersilie, Schnittlauch, Bohnenkraut etc.), 2 Tomaten, 4 EL Ketchup, $^1/_4$ l Gemüsebrühe, Speisestärke

Gefüllte Tomaten

Füllung wie bei der gefüllten Paprika, nur statt der Paprika 4-6 große Fleischtomaten füllen. Vorgehensweise wie unter dem Rezept »gefüllte Paprika«.

! *Gemüsebrühe, Gewürze, Kräuter, Pflanzenmargarine, Ketchup, Sojasahne, Speisestärke*

Zutaten

1 kg gemischtes Hackfleisch,
2 getrocknete Brötchen,
2 Zwiebeln,
2 TL Salz,
1 TL Pfeffer,
3 EL Ketchup,
1 Prise Chilipulver,
2 TL getrocknete Kräuter der Provence,
3 EL getrocknete Petersilie,
3 Eier,
3 EL Pflanzenmargarine,
¼ l Gemüsebrühe,
Sojamilch

Hackbraten

1. Brötchen in Sojamilch einweichen, anschließend ausdrücken und zerpflücken.
2. Zwiebeln schälen und in Würfel schneiden.
3. Hackfleisch mit Brötchen, Pfeffer, Salz, Kräutern, Gewürzen, Eiern und Ketchup mischen. Die gehackten Zwiebeln ebenfalls zugeben.
4. Braten zu einer Rolle formen und in einem offenen Bratentopf, in dem bereits Pflanzenmargarine zerlassen wurde, auf den Herd setzen. Kräftig von allen Seiten anbraten.
5. Das Hackfleisch während des Bratvorganges von Zeit zu Zeit mit Pflanzenmargarine bepinseln. Mit Gemüsebrühe immer wieder ablöschen, damit sich eine braune Bratensoße bilden kann.

Wer die Soße sämig mag, kann bereits beim Anbraten eine große, geschälte und gewürfelte Zwiebel dazugeben. Die Soße selbst wird dann auch schmackhafter.

! *Brötchen, Gewürze, Gemüsebrühe, Ketchup, Kräuter, Pflanzenmargarine*

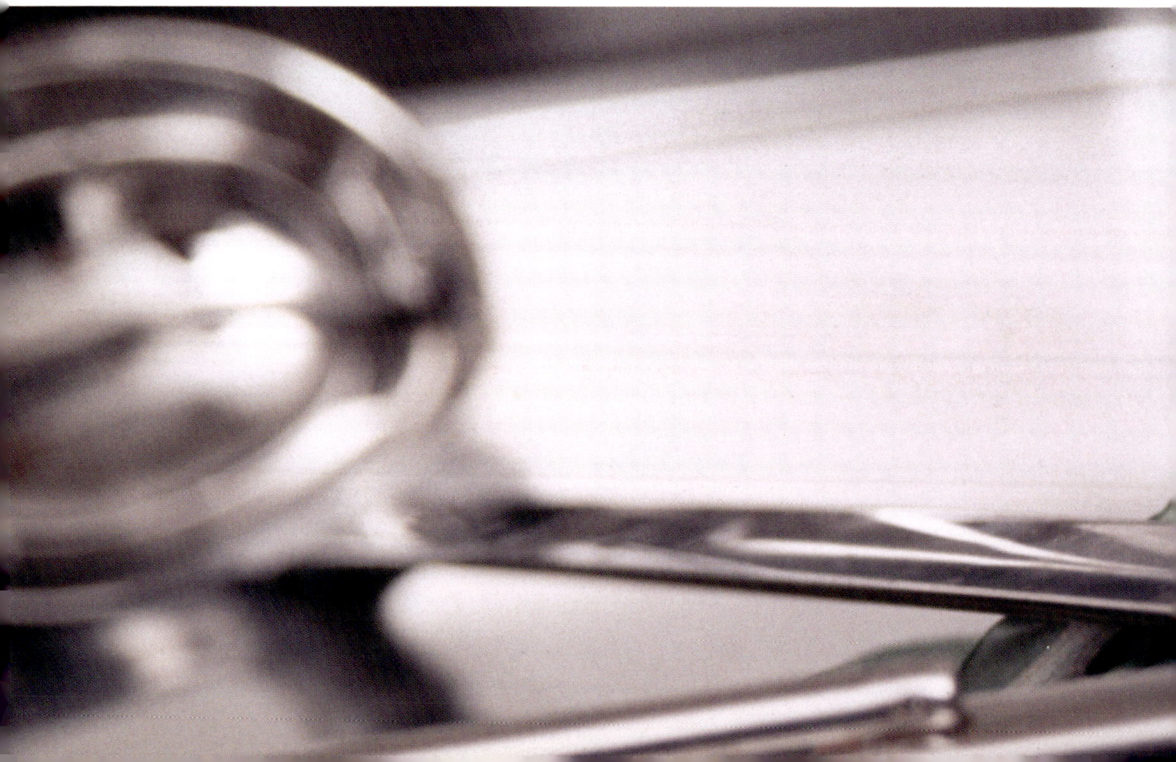

Hackbraten mit Würstchenfüllung

1. Brötchen in Sojamilch einweichen, anschließend ausdrücken.
2. Wienerle kurz anbraten.
3. Zwiebeln schälen und in Würfel schneiden.
4. Hackfleisch mit Brötchen, Pfeffer, Salz, Zwiebeln, Kräutern, Gewürzen, Eiern und Ketchup mischen.
5. Kastenform mit Pflanzenmargarine ausfetten, $^1/_3$ der Hackfleischmasse einfüllen, 3 Wienerle darauf legen. Dann mit $^1/_3$ Hackfleisch bedecken, wieder 3 Wienerle darauf legen und mit der restlichen Hackfleischmasse bedecken.
6. Die Speckscheiben auf die gesamte Oberfläche auflegen.
7. Backofen vorheizen (220°C), dann die Kastenform einschieben und alles 45 Minuten backen.

! *Brötchen, Gewürze, Ketchup, Kräuter, Pflanzenmargarine, Wienerle*

Zutaten

1 kg gemischtes Hackfleisch,
2 getrocknete Wasserbrötchen,
2 Zwiebeln,
2 TL Salz,
1 TL Pfeffer,
3 EL Ketchup,
1 Prise Chilipulver,
2 TL getrocknete Kräuter der Provence,
3 EL getrocknete Petersilie,
6 Wienerle,
3 Eier,
3 EL Pflanzenmargarine,
8 Scheiben Frühstücksspeck,
reine Sojamilch

Hacksteaks mit Champignonsoße

Zutaten

500 g gemischtes Hackfleisch,
2 getrocknete Brötchen,
1 Zwiebel,
2 Eier,
1 TL Salz,
2 EL scharfer Senf,
1 TL Paprikapulver,
1 EL grüne Pfefferkörner,
2 EL Öl

Soße: 2 Zwiebeln,
2 EL Olivenöl,
1 kleine Dose Pizzatomaten (oder frische Tomaten, gehäutet und gewürfelt),
1 kleine Dose Tomatenmark,
Salz, Pfeffer, Majoran, Zucker,
250 g frische Champignons,
2 EL Sojasahne,
1 TL Petersilie (gehackt),
Speisestärke

1. Brötchen in Wasser einweichen, ausdrücken.
2. Zwiebel schälen und hacken.
3. Hackfleisch mit Brötchen, Zwiebel, Ei, Pfeffer, Salz, Senf, Paprikapulver und Pfefferkörnern mischen. Aus dieser Masse Frikadellen formen.
4. Öl in Pfanne erhitzen, Frikadellen darin anbraten.

Soße:

1. Zwiebeln schälen, würfeln und in Öl leicht andünsten.
2. Die Pizzatomaten und das Tomatenmark hinzufügen. Leicht köcheln lassen.
3. Die Champignons waschen, putzen und in Scheiben schneiden. In die Soße geben. Alles mit Kräutern, Pfeffer, Zucker und Salz abwürzen. Sojasahne einrühren. Evtl. mit Speisestärke binden.

! *Brötchen, Gewürze, Kräuter, Pizzatomaten aus der Dose, Senf, Sojasahne, Speisestärke, Tomatenmark*

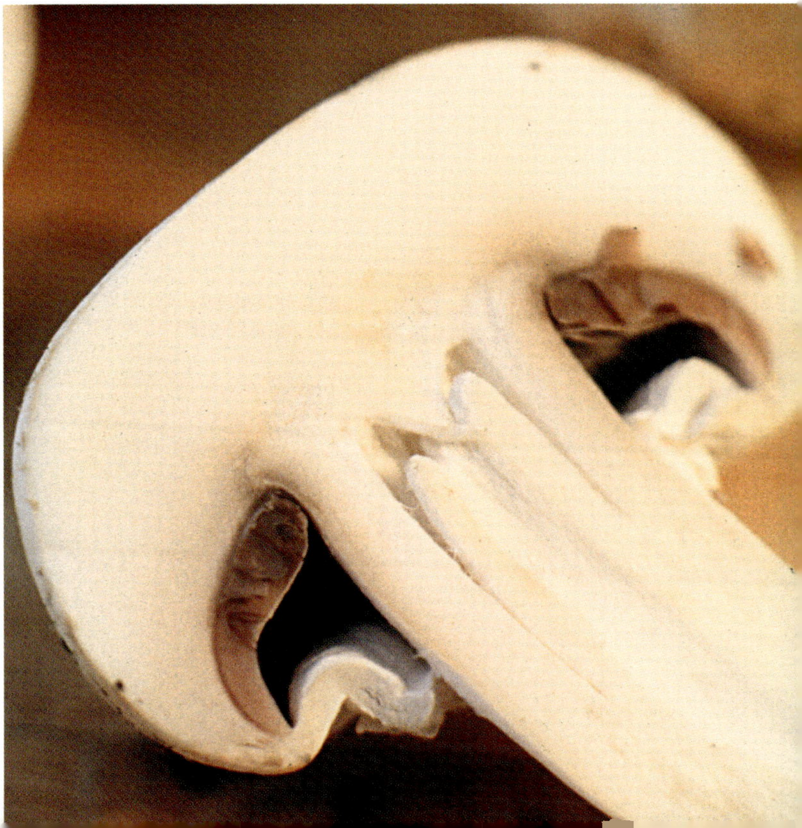

Kartoffel-Hackfleisch-Rolle

1. Hackfleisch mit Kräutern, Pfeffer und Salz mischen.
2. Gewürze dazugeben und mit dem Ei gut verkneten.
3. Hackfleisch auf einem Pergamentpapier glatt verstreichen und mit Kartoffelfüllung (siehe unten) bestreichen.
4. Vorsichtig aus dem Ganzen eine Rolle formen.
5. Ein Ei verquirlen und die Rolle damit bestreichen.
6. In eine Kasserolle geben, mit Alufolie abdecken.
7. In den vorgeheizten Backofen schieben (190°C). 45 Minuten backen, dann weitere 15 Minuten ohne Folie backen.

Füllung:

Ein Ei verquirlen, Pfeffer und Salz zugeben. Die hart gekochten Eier würfeln.
Kartoffeln zerdrücken mit Füllungszutaten mischen.

! *Gewürze, Kräuter, Pflanzenmargarine*

Zutaten

500 g Hackfleisch,
1 TL getrocknete Gartenkräuter (Dill, Kresse, Petersilie, Schnittlauch),
2 Eier,
Pfeffer, Salz

Füllung:
350 g geschälte und gekochte Kartoffeln,
2 hart gekochte Eier,
1 rohes Ei,
½ TL Salz,
Muskat, Pfeffer

Ei zum bestreichen der Rolle, Pflanzenmargarine zum Ausfetten der Form

Rindfleischgerichte

Zutaten

$^1/_4$ l Weißwein,
7 EL Olivenöl,
2 mittelgroße Zwiebeln,
4 EL gehackte Gartenkräuter,
1 EL Gemüsebrühepulver,
5 EL Kräuter der Provence,
Pfeffer, Salz,
1,5 kg Rinderbraten,
2 EL scharfer Senf,
2 EL süßer Senf,
2 Eier,
4 EL Paniermehl (selbst gemacht),
1 $^1/_2$ Päckchen Sojasahne,
1 EL Mehl,
1 Bund Schnittlauch,
Speisestärke

Rinderbraten mit Kräuterhaube

1. Aus dem Wein, Öl, den Gartenkräutern und Gewürzen eine Marinade bereiten. Das Gemüsebrühepulver darin lösen, 3 EL Kräuter der Provence einrühren. Die Zwiebeln schälen, klein würfeln und ebenfalls zur Marinade geben. Fleisch mit der Marinade in einem geschlossenen Gefäß mindestens 24 Stunden ruhen lassen (im Kühlschrank). Der Senf wird erst später verwendet!
2. Fleisch abtropfen lassen und in einen Bräter geben. $^1/_2$ l der Marinade hinzufügen. Bräter schließen und in den Ofen setzen.
3. Unterste Schiene, 250°C, Gesamtgarzeit 2 Stunden. Ruhephase ohne Wärmezufuhr im Topf 10 Minuten.
4. Nach 90 Minuten Garzeit mit der Hälfte der beiden Senfsorten bestreichen.
5. Nach 100 Minuten folgende Kräutermasse auf den Braten pinseln: Gewaschener und gehackter Schnittlauch sowie 2 EL getrocknete Kräuter der Provence in die restliche Senfmasse einrühren. Eier verquirlen, Paniermehl einrühren, Pfeffer und Salz zugeben und mit der Kräuter-Senfmasse mischen. Weitere 20 Minuten garen, eventuell ohne Deckel abkrusten lassen.
6. Fleisch nach der Ruhephase aus dem Topf nehmen. Soße nach belieben mit Wein oder Wasser auffüllen, Sojasahne einrühren und mit Speisestärke binden.

Beilage: Salzkartoffeln

! *Gemüsebrühepulver, Kräuter, Paniermehl, Senf, Sojasahne, Speisestärke*

Rotweinbraten

1. Braten mit Thymian einreiben, in einen Topf geben und mit Rotwein auffüllen. Gewürze, Kräuter, Zucker und geschälte, gewürfelte Zwiebeln hinzufügen. 2-3 Tage im geschlossenen Topf im Kühlschrank ruhen lassen.
2. Dann Fleisch entnehmen, nass in einen Bräter legen und mit Speckscheiben belegen, mit $^{1}/_{4}$ l der gesiebten Marinade angießen und im geschlossenen Bräter in den kalten Backofen setzen.
3. Auf unterste Schiene in den Backofen stellen und bei 250°C ca. 130 Minuten garen. 10 Minuten ohne Hitzezufuhr ruhen lassen.
4. Fleisch entnehmen, im Ofen warm stellen.
5. Bratenfond mit gesiebter Restmarinade loskochen, Sojasahne hinzufügen, mit Weinbrand abschmecken. Mit Speisestärke binden.

Beilage: Kartoffeln, Klöße, Kroketten

! *Kräuter, Sojasahne, Speisestärke*

Zutaten

1,5 kg Rinderbraten,
$^{1}/_{2}$ – $^{3}/_{4}$ l Rotwein,
1 EL Kräuter der Provence,
1 EL Thymian,
1 Prise Zucker,
3 weiße Pfefferkörner,
3 schwarze Pfefferkörner,
6 Pimentkörner,
6 Nelken,
2 Lorbeerblätter,
4 kleine Zwiebeln,
100 g Speck,
3 EL Sojasahne,
Weinbrand, Zucker, Speisestärke

Schweinefleischgerichte

Schweinebraten mit Ingwerkruste

1. Schwarte kreuzweise einschneiden.
2. An den Kreuzungsstellen die Nelkenköpfe einspicken.
3. Die Unterseite des Bratens mit der Hälfte der Gewürze einreiben.
4. Den braunen Zucker im warmen Rum auflösen und die restlichen Gewürze mit dem Gemüsebrühepulver einrühren.
5. Suppengrün klein schneiden, Zwiebeln schälen und würfeln.
6. Pflanzenmargarine in einem Bräter zerlassen, Braten mit der Schwarte nach oben in den Bräter einsetzen. Kurz anbraten.
7. Suppengrün und Zwiebeln zu dem Braten fügen.
8. Backofen vorheizen.
   E-Herd: 220°C, Gas: Stufe 3
9. Braten im offenen Bräter einsetzen und ca. 75-80 Minuten garen.
10. Nach 20 Minuten Garzeit zum ersten Mal mit der Rum/Zuckerlösung bestreichen. Diesen Vorgang immer wieder wiederholen.
11. Nach Ende der Gesamtgarzeit den Braten warm stellen, den Bratenfond pürieren.
12. Fleisch in Scheiben schneiden, den pürierten Fond über die Scheiben gießen.

Beilage: Klöße oder Salzkartoffeln und ein frischer grüner Blattsalat

! *Gemüsebrühepulver, Gewürze, Pflanzenmargarine*

Zutaten

1 kg Schweinefleisch mit Schwarte,
Gewürznelken zum Spicken,
3/4 TL Ingwerpulver,
1/4 TL Pfeffer,
1/2 TL Salz,
2 EL brauner Zucker,
6 EL Rum,
1 Bund Suppengrün,
500 g Zwiebeln,
50 g Pflanzenmargarine,
1 TL Gemüsebrühe

Zutaten

1,5 kg Schweinebraten,
0,75l Altbier,
3 EL Öl,
3 EL Tomatenmark,
1 EL Ketchup,
2 TL Honig,
Sojasauce,
Pfeffer,
4 gehackte Zwiebeln

Altdeutscher Bierbraten

1. Sollte das Fleischstück zu sehr auseinander klaffen, mit einem festen Baumwollfaden zu einem Rollbraten binden.
2. Das Fleisch 24 Stunden in Bier einlegen.
3. Herausnehmen und trockentupfen.
4. Aus den restlichen Zutaten (Tomatenmark, Ketchup, Honig, gewürfelte Zwiebeln, Sojasauce...) mit dem Biersud eine Soße bereiten. Davon 1 Tasse zurückbehalten.
5. Den Braten kräftig von allen Seiten mit der Soße bepinseln.
6. In eine Alufolie einschlagen und diese gut verschließen.
7. Braten in den Ofen setzen und 1 $^1/_2$ Stunden garen.
   E-Herd: 225°C, Gas: Stufe 3-4.
8. Nach dem Ende der Garzeit die Folie öffnen, mit dem Beizesud bestreichen und nochmals 10 Minuten garen. (Folie dabei offen lassen!)
9. Dann Braten mit der zurückbehaltenen Soße bestreichen und nochmals 10 Minuten garen, bis sich eine schöne Kruste gebildet hat.

Beilage: Kartoffeln, Klöße, Kroketten, Bratkartoffeln

! *Ketchup, Tomatenmark*

Wildgerichte

Hasenfilets im Wirsingmantel

1. Wirsingkohl waschen und putzen, 8 große Blätter in kochendes Salzwasser geben, bis sie weich sind (ca. 8 Minuten). Herausnehmen, kalt abschrecken. Den restlichen Kohl in kleine Streifen schneiden und dünsten (ca. 25 Minuten).
2. Fleisch waschen, pfeffern. Öl im Bräter erhitzen, Fleisch darin von allen Seiten kräftig anbraten. Anschließend herausnehmen und salzen.
3. Hackfleisch mit Pfeffer und Salz würzen und mit der Sojasahne verrühren.
4. Je 2 Wirsingblätter aufeinander legen (vorher die Rippen flach schneiden), sodass man die Hasenfilets bequem einwickeln kann. Vorher jedoch die Blätter mit der Sahne-Hackfleischmasse bestreichen und je eine Speckscheibe darauf legen. Dann die Hasenfilets einpacken und mit Holzstäbchen verschließen.
5. Diese Filetpäckchen im Bräter im bereits benutzten Bratöl anbraten.
6. Preiselbeeren abtropfen lassen, den Saft auffangen.
7. 1/8 l dieses Saftes zu den Hasenfilets gießen, Wein und Brühe aufgießen. Kräuter zugeben und alles noch einmal 10 Minuten schmoren lassen.
8. Filetpäckchen herausnehmen. Soße mit Speisestärke binden, Preiselbeeren hinzufügen und kurz mit anwärmen. Mit Salz und Pfeffer abschmecken.

Beilage: Nudeln, Spätzle, Kartoffeln

! *Gemüsebrühepulver, Kräuter, Sojasahne, Speisestärke*

Zutaten

1 Kopf Wirsing (800-1000 g),
Salz,
4 Hasenfilets (à ca. 125 g),
5 EL Olivenöl,
Pfeffer,
200 g Hackfleisch, 3 EL Sojasahne,
4 Scheiben Dörrfleisch,
1 Glas Preiselbeeren (370 ml),
125-150 ml trockener Rotwein,
1/4 l Gemüsebrühe,
3 EL Kräuter der Provence,
Speisestärke

Hasenrücken

Zutaten

1 kg Hasenrücken,
Salz, Pfeffer,
abgeriebene Schale einer Zitrone,
1 Messerspitze Lebkuchengewürz,
3 Nelken,
1 EL getrocknete Petersilie,
1 EL Olivenöl,
50 g Speckscheiben,
1 EL Pflanzenmargarine,
1 EL Zucker,
300 g kernlose Weintrauben,
3 cl Traubensaft,
Speisestärke,
300 ml Gemüsebrühe

1. Arbeitsgang:

1. Hasenrücken mit Salz, Pfeffer und Petersilie einreiben.
2. Öl, Lebkuchengewürze und Zitronenschale miteinander verrühren, die drei Nelken dazugeben und ziehen lassen (ca. 2 Stunden). Das Fleisch mit der Marinade bestreichen.
3. Den Hasenrücken mit dem Speck umwickeln. In einen Bräter setzen, braten.
4. Ofen vorheizen.
   E-Herd: 220°C
   Gasherd: Stufe 4
   Backzeit ca. 30-40 Minuten

2. Arbeitsgang:

1. Zwischenzeitlich Pflanzenmargarine mit Zucker in der Pfanne karamellisieren, halbierte Trauben kurz hinzufügen und darin schwenken, mit Traubensaft ablöschen.
2. Speck vom Braten entfernen, den Bratensatz mit ca. 300 ml Gemüsebrühe ablöschen. Mit Stärke binden, mit Pfeffer und Salz abschmecken. Sollte die Soße nicht ausreichen, kann sie mit einer braunen Soße aus dem Reformhaus verlängert werden.

Beilage: Kartoffelklöße oder Kroketten

! *Gemüsebrühepulver, Gewürze, Pflanzenmargarine, Speisestärke*

Hirschgulasch in Rotweinsoße

1. Pflanzenmargarine zerlassen, Hirschgulasch kräftig darin anbraten. Zwischendurch immer wieder mit Mehl bestäuben. Die Zwiebel zufügen. Während des Bratvorgangs immer wieder mit etwas Wasser ablöschen. Nach dem Anbraten mit $^1/_4$ l Wein auffüllen, ca. 1 Stunde köcheln lassen.
2. Danach unten angegebene Soße auffüllen und eine weitere Stunde garen. Umrühren nicht vergessen!
3. Die Bratensoße mit Speisestärke binden.
4. Die Zutaten der Soße gut miteinander mischen und zum Braten geben.

! *Gemüsebrühepulver, Gewürze, Pflanzenmargarine, Senf, Speisestärke*

Zutaten

500 g Hirschgulasch,
Pfeffer, Salz,
$^1/_4$ l Wein,
Pflanzenmargarine,
Wasser,
Speisestärke,
1 EL Dinkelmehl,
1 große gewürfelte Zwiebel

Soße:
3 EL geriebenen Meerrettich,
3 EL Weingelee,
1 Tasse gemixte Sauerkirschen oder 1 Glas Preiselbeeren (diese jedoch nicht püriert),
2 EL Senf, Pfeffer, Salz, Paprika,
Gemüsebrühepulver,
$^1/_4$ l Rotwein

Wildgulasch

Zutaten

250 g Zwiebeln,
3 EL Pflanzenmargarine,
ca. 1 kg Wildschweingulasch,
1 EL Tomatenmark (ersatzweise Ketchup),
3 EL Mehl,
1/8 l Altbier,
1/2 l Wasser,
4 Wacholderbeeren,
2 Lorbeerblätter,
4 Gewürznelken,
Salz, Pfeffer,
250 g Champignons,
50 g Dörrfleisch,
1/2 Bund Petersilie,
4 EL Rotweingelee (ein rotes Fruchtgelee geht auch),
4 frische Aprikosenhälften, Sojasahne, Speisestärke

1. Zwiebeln schälen, würfeln.
2. 2 EL Pflanzenmargarine im Bräter erhitzen, Fleisch hinzufügen und anbraten.
3. Zwiebeln hinzufügen und ebenfalls anbraten. Fleisch mit 1 EL Mehl bestäuben, Tomatenmark hinzufügen. Mit dem Altbier ablöschen und alles langsam mit einem halben Liter Wasser auffüllen. Wacholderbeeren, Nelken und Lorbeeren hinzufügen. Kurz aufkochen und alles 95 Minuten schmoren lassen.
4. Pilze waschen und putzen. Dörrfleisch in Würfel schneiden. Dörrfleisch in der Pfanne knusprig anbraten (ohne Fettzugabe). Pilze hinzufügen und ca. 5 Minuten anbraten. Petersilie waschen, trocknen, hacken und hinzufügen.
5. Nach Ende der Garzeit die Pilze dem Gulasch zugeben. Aprikosenhälften mit Gelee füllen, als Garnitur auf den Teller legen.
6. Gulasch mit etwas Gelee abschmecken.
7. Zum verfeinern einen Schuss Sojasahne zugeben, mit Speisestärke binden.

! *Gewürze, Ketchup, Pflanzenmargarine, Sojasahne, Speisestärke, Tomatenmark, Wildgulasch*

Wildschweinmedaillons mit Pilzen

Soße:

1. Zwiebeln schälen und würfeln.
2. Olivenöl in einer Pfanne erhitzen, Dörrfleisch und Zwiebeln darin auslassen.
3. Pilzmischung dazugeben und kurz mit andünsten.
4. Mit Pfeffer und Salz abwürzen, evtl. einen Gemüsebrühwürfel dazugeben.
5. Wildschweinmedallions von jeder Seite kurz anbraten (3 Minuten), mit Pfeffer und Salz würzen.
6. Medaillons auf Teller geben und mit Pilzen überdecken. Die frische Petersilie waschen, hacken und darüber streuen.

! *Würfel für Gemüsebrühe*

Zutaten

4 Wildschweinmedaillons,
Pfeffer und Salz,
1 Gemüsebrühwürfel,
250 g Dörrfleisch,
4 große Zwiebeln,
Olivenöl,
300 g Pilze,
1 Bund Petersilie

Kartoffelgerichte

Zutaten

1 kg rohe Kartoffeln,
500 g gekochte Kartoffeln,
1 Brötchen,
1 Ei,
1 Stange Lauch

Füllung:
300 g Hackfleisch,
Pfeffer, Salz,
1 Zwiebel, 1 Eigelb

Gefüllte Klöße

1. Rohe Kartoffeln reiben, durch ein grobes Leinentuch pressen. Gekochte Kartoffeln zerdrückt unter die Kartoffel-Rohmasse geben.
2. Brötchen in Wasser einweichen, ausdrücken und ebenfalls in die Masse geben.
3. Ei schlagen und mit der Kartoffelmasse mischen.
4. Lauch waschen. Möglichst klein schneiden und zu der Kartoffelmasse geben.
5. Hackfleisch mit Pfeffer und Salz würzen. Die Zwiebel schälen und klein würfeln. Ebenfalls in die Hackfleischmasse geben, mit dem Eigelb vermischen.
6. Kleine Kugeln aus Hackfleisch formen (Teelöffel als Maß nehmen). Kartoffelmasse abstechen, mit Hackfleisch füllen, Knödel formen.
7. In kochendem Salzwasser garen (ca. 15–20 min.) nicht kochen!

In der Regel sind die Klöße gar, wenn sie an der Oberfläche schwimmen.

Passt zu Rotkraut oder Feldsalat

Soßenvarianten:

- Pflanzenmargarine zerlassen und Zwiebeln darin andünsten, über die Klöße geben.
- Pflanzenmargarine zerlassen, Zwiebeln und Lauch andünsten, über die fertigen Klöße geben.
- Hackfleisch zerpflücken, mit Dörrfleisch und Zwiebeln anbraten, ablöschen. Etwas Tomatensoße hinzufügen und mit Gemüsebrühe auffüllen.

! *Brötchen, Gemüsebrühe, Tomatensoße*

Kartoffeln mit Mandeln und Rucola

1. Kartoffeln kochen, schälen und in Scheiben schneiden. Zwiebeln schälen, in Ringe schneiden.
2. Olivenöl in einer Pfanne erhitzen. Zwiebeln und Knoblauch darin anbraten.
3. Mandeln, Kartoffeln, Kurkuma hinzufügen und unter ständigem Rühren anbraten.
4. Gewaschenen Rucola darunter rühren.
5. Kartoffel-Mandel-Rucola-Mischung in eine feuerfeste, mit Pflanzenmargarine gefettete Form geben. Sojasahne darüber gießen und mit Pfeffer, Salz und Muskat abwürzen. Pulver für Gemüsebrühe einrühren.
6. Backofen vorheizen:
   E-Herd: 200°C
   Gasherd: Stufe 3
7. 20 Minuten backen.

Passt auch als Beilage zu gegrilltem Fleisch oder Fisch

! *Gewürze, Pflanzenmargarine, Pulver für Gemüsebrühe, Sojasahne*

Zutaten

4 große Kartoffeln, Olivenöl, 2 Zwiebeln, 1 klein gewürfelte Knoblauchzehe, 50 g Mandelblättchen, 1/2 TL Kurkumapulver, 200 g Rucola, 250 ml Sojasahne, Salz, Pfeffer, Muskat, 1 TL Pulver für Gemüsebrühe, Pflanzenmargarine

Kartoffeln mit Mandeln und Spinat

Zutaten

8 große Kartoffeln,
Olivenöl,
2 dicke Zwiebeln,
50 g gemahlene Mandeln,
Kurkumapulver,
300 g frischer Blattspinat,
6 Tomaten,
1 kleine Gurke,
250 ml Sojasahne,
Salz, Pfeffer,
Muskat,
Pflanzenmargarine,
1 TL Pulver für Gemüsebrühe

1. Kartoffeln kochen, schälen und in Scheiben schneiden. Zwiebeln schälen und hacken. Gewaschenen Blattspinat in Streifen schneiden. Tomaten und Gurke in Scheiben schneiden.
2. Olivenöl in der Pfanne erhitzen, Kartoffelscheiben und Zwiebeln hineingeben. Alles kräftig anbraten. Mandeln und Kurkuma darüber streuen.
3. Blattspinat zur Pfanne hinzugeben und ca. 10 Minuten dünsten.
4. Auflaufform mit Pflanzenmargarine ausfetten.
5. Kartoffel-Spinatmasse einfüllen, mit Pfeffer und Salz abschmecken. Muskat und Pulver für Gemüsebrühe dazugeben.
6. Tomaten und Gurkenscheiben auf den Auflauf legen. Mit Sahne übergießen.
7. Backofen vorheizen: E-Herd: 200°C, Gas: Stufe 3
8. Ca. 20 Minuten unter Alufolie backen, dann Folie entfernen und weitere 10 Minuten backen.

! *Gewürze, Pflanzenmargarine, Pulver für Gemüsebrühe, Sojasahne*

Kartoffelsalat

Zutaten

1 kg Salatkartoffeln,
250 g Dörrfleisch,
2 große Zwiebeln,
Salz, Pfeffer,
Olivenöl,
1 EL Pulver für Gemüsebrühe,
Wasser, Essig,
eine Prise Zucker,
Petersilie,
Schnittlauch

1. Zwiebeln schälen und würfeln.
2. Petersilie und Schnittlauch waschen und klein hacken.
3. Öl in der Pfanne erhitzen, Zwiebeln und Dörrfleisch darin auslassen.
4. Mit etwas Wasser ablöschen, Gemüsebrühepulver dazugeben.
5. Soße in eine Schüssel geben, Kartoffeln darüber schichten und mindestens 1 Stunde ziehen lassen.
6. Nach Geschmack mit Pfeffer, Salz, Essig und Öl kurz vor dem Servieren anrichten.

Je nach Geschmack kann man diese Soße auch mit Mayonnaise abschmecken, oder Sojasahne zugeben.

Dazu reicht man frischen Salat, Grillfleisch oder Frikadellen.

! *Gewürze, Pflanzenmargarine, Pulver für Gemüsebrühe, Sojasahne*

Kartoffelkuchen

1. Brötchen in Wasser einweichen, Kartoffeln schälen und reiben.
2. Zwiebel schälen und würfeln. Mit Pfeffer und Salz zu der Kartoffelmasse geben. Brötchen ausdrücken und mit dem Ei unter die Kartoffelmasse mischen. Dörrfleischwürfel hinzugeben.
3. Gussbräter auf dem Herd ca. 1 cm hoch mit Öl füllen und erhitzen.
4. Kartoffelmasse einfüllen, nur kurz anbraten!
5. Nun den Tiegel in den Ofen setzen, unterste Schiene. Ca. 2 Stunden bei 250 °C backen. Bei zu starker Bräunung auf 180 °C reduzieren. Kruste muss dunkelbraun werden. Ab und zu auf den oberen Teil noch einmal etwas Öl pinseln.

Zutaten

2 kg Kartoffeln,
1 Brötchen,
1 Ei,
ca. 250 g Dörrfleischwürfel,
1 Zwiebel,
2 TL Salz, Pfeffer,
Öl,
Gusstiegel ohne Deckel!

Serviervorschlag:

Hier unterscheiden sich die Geschmäcker sehr stark. Von deftig bis süß reicht die Geschmacksnote, ich biete stets alle drei Varianten an:

1.) Man reiche dazu selbst gemachtes Apfelgelee.
2.) Man reiche dazu Apfelkompott.
3.) Gerne wird dazu auch grobe Leberwurst gegessen.
Wer will, kann dazu auch frischen Feldsalat reichen.

! *Brötchen*

Kartoffelwaffeln

1. Kartoffeln reiben, in einem Tuch auspressen.
2. Geschälte, klein geschnittene Zwiebeln hinzufügen.
3. Verquirlte Eimasse mit Pfeffer, Salz, Muskat, Petersilie und Sesam mischen.
4. Waffeleisen erwärmen, mit Pflanzenmargarine einpinseln und Teig darin ausbacken.

Man reicht die Waffeln z.B. zu Feldsalat, oder grünem Salat

Zutaten

1 kg rohe Kartoffeln,
2 Zwiebeln,
2 Eier,
1 Eigelb,
20 g Sesam,
Salz, Pfeffer,
Muskat,
Pflanzenmargarine,
1 TL gehackte Petersilie

! *Gewürze,*
Pflanzenmargarine

Nudelgerichte

Bandnudeln mit Hacksoße

Zutaten

2 rote und 1 grüne Paprika,
2 EL Olivenöl,
2 Zwiebeln,
600 g Rinderhack,
1 TL getrockneter Majoran, Bohnenkraut, Salz, Pfeffer,
1 EL Gemüsebrühepulver,
4 Tomaten,
300 g breite Bandnudeln,
100 g Oliven ohne Stein

1. Zwiebeln abziehen und hacken. Paprika abbrausen, putzen und in Streifen schneiden. Öl erhitzen, Paprika und Zwiebeln darin anbraten, dann herausnehmen.
2. Hack im Bratfett anbraten bis es krümelig wird. Zwiebeln, Paprika, Majoran und Bohnenkraut hinzufügen. Mit Pfeffer, Salz und Brühe würzen.
3. Tomaten überbrühen und häuten. Anschließend würfeln und zum Hack geben.
4. Nudeln gemäß Packungsanweisung garen, abgießen und abtropfen lassen.
5. Hacksoße über die Nudeln geben, mit Oliven und Bohnenkrautblättchen garniert servieren.

! *Kräuter,*
Pulver für Gemüsebrühe

Lasagne:

Zutaten

500 g Hackfleisch,
2 Zwiebeln (geschält und gewürfelt),
2 EL Tomatenmark,
6 frische Tomaten,
2 Zucchini,
100 g Mehl,
110 g Pflanzenmargarine, Pfeffer, Salz,
ca. 1 l Gemüsebrühe, Wasser, frische Kräuter: Thymian, Basilikum, Bohnenkraut,
1 Paket Lasagnenudeln

1. Hackfleisch: Hackfleisch mit Zwiebeln in der Pfanne anbraten, nach Geschmack mit Pfeffer und Salz würzen. Das Hackfleisch muss krümelig werden, evtl. mit Wasser zwischendurch ablöschen.
2. Mehlschwitze: (Nach Grundrezept „Helle Mehlschwitze“)
   50 g Pflanzenmargarine im Topf erhitzen, Mehl zugeben. Immer wieder mit Gemüsebrühe ablöschen.
3. Rote Soße: (Nach Grundrezept „Rote Soße“ zubereiten)
   50 g Pflanzenmargarine im Topf erhitzen, Mehl zugeben. Immer wieder langsam mit Gemüsebrühe ablöschen. Tomatenmark einrühren.
   Die 6 Tomaten häuten, in Stücke schneiden. Zucchini waschen, in Würfel schneiden.
   Zucchini und Tomaten in die rote Grundsoße einrühren, mit Pfeffer, Salz, Bohnenkraut, Basilikum und Thymian abwürzen.
4. Auflaufform mit Pflanzenmargarine ausfetten, eine dünne Schicht rote Soße einfügen, doppelte Schicht Lasagnenudeln einlegen, Hackfleisch einfüllen und mit weißer Soße übergießen,

doppelte Nudelschicht einlegen, rote Soße einfüllen, doppelte Nudelschicht (alles immer wieder im Wechsel schichten). Man beendet mit einer Schicht roter Gemüsesoße.

5. Backen: 180°C im Backofen, mittlere Schiene, 30 Minuten. Dann Pflanzenmargarineflöckchen aufsetzen, weitere 15 Minuten backen.

Wer keine Mehlschwitze mag, kann diese durch Sojasahne ersetzen.

! *Gemüsebrühe, Pflanzenmargarine, Sojasahne, Tomatenmark*

Zutaten

400 g Nudeln,
2 Zwiebeln,
500 g Möhren,
500 g gekochter Broccoli,
2 EL Pflanzenmargarine,
Salz, Pfeffer,
$^1/_2$ l Gemüsebrühe,
5 EL Sojasahne,
Speisestärke,
3 EL Mandelblättchen (angeröstet),
1 Bund Schnittlauch,
1 Paket Spaghetti

Nudeln mit Broccoli

1. Zwiebeln schälen und würfeln. Schnittlauch ebenfalls waschen und hacken.
2. Broccoli putzen, waschen und in kleine Röschen teilen, Möhren putzen waschen und ebenfalls in kleine Würfel schneiden.
3. Nudeln in Salzwasser abkochen.
4. Pflanzenmargarine im Topf erhitzen und Zwiebeln mit Möhren ca. 5–10 Minuten andünsten. Dann alles ablöschen und mit $^1/_4$ l Gemüsebrühe auffüllen, Broccoliröschen hinzugeben. Alles noch einmal ca. 5 Minuten garen. Ungefähr die Hälfte des Gemüses herausnehmen und pürieren. Diese Masse zurück in die Gemüsebrühe geben, 5 El Sojasahne hinzufügen und mit Speisestärke abbinden. Nach Geschmack pfeffern und salzen, Schnittlauch einrühren. Mit Brühe auffüllen, bis die gewünschte Sämigkeit erreicht ist.
5. Kurz vor dem Servieren die gerösteten Mandelblätter hinzufügen.

! *Gemüsebrühe, Pflanzenmargarine, Sojasahne, Speisestärke*

Nudeln mit Blumenkohl-Romanesco-Soße:

1. Blumenkohl und Romanesco säubern. In Salzwasser garen, Gemüsewasser aufheben.
2. Blumenkohl und Romanesco in kleine Stücke teilen.
3. Zwiebeln schälen, klein hacken.
4. Olivenöl in einer Pfanne erhitzen, Zwiebeln darin anbraten. Romanesco und Blumenkohl zugeben. Mit etwas Gemüsewasser ablöschen. Sojasahne, Ketchup und den Gemüsebrühwürfel zugeben. Das Ganze mit Pfeffer und Salz abschmecken. Warm stellen.
5. Spaghetti in Salzwasser kochen, anschließend mit der Soße servieren.

Zutaten

1 kleiner Romanesco,
1 kleiner Blumenkohl,
6 EL Tomatenketchup,
250 ml Sojasahne,
Pfeffer, Salz,
2 Zwiebeln,
1 Würfel Gemüsebrühe,
Olivenöl,
1 Paket Spaghetti

! *Ketchup, Sojasahne, Würfel für Gemüsebrühe*

Nudeln mit Tomaten und Zucchini

1. Tomaten häuten (Wasser kochen, die Tomaten hineingeben, anschließend lässt sich die Haut leicht lösen.) und würfeln.
2. Zucchini waschen und ebenfalls in Würfel schneiden.
3. Nudeln abkochen.
4. Pflanzenmargarine in einem Topf erwärmen. Die Hälfte der Tomaten darin auslassen, mit der Brühe ablöschen, Kräuter der Provence hinzufügen. Ketchup, Salz, Pfeffer und die restlichen Tomaten zugeben. Zucchini einrühren. Alles mit Speisestärke binden.
5. Nudeln mit Soße servieren.

Variation: Mais und Paprikaschoten hinzufügen, etwas Sojasahne zugeben

Zutaten

1 Packung Spiralnudeln,
6 große Tomaten,
2-3 Zucchini,
$^1/_4$ l Gemüsebrühe,
3 EL Kräuter der Provence,
Salz, Pfeffer,
4 EL Ketchup,
2 EL Pflanzenmargarine,
Speisestärke

! *Gemüsebrühe, Ketchup, Kräuter, Pflanzenmargarine, Sojasahne, Speisestärke*

Zutaten

30 g getrocknete Steinpilze,
500 g Spaghetti,
etwas Olivenöl,
6 Tomaten,
3 Lauchzwiebeln,
5 in Öl eingelegte Tomatenhälften,
50 g gehackte Cashewkerne,
frisches Basilikum,
1 TL Pulver für Gemüsebrühe

Marinade:
6 EL Olivenöl,
2 EL Balsamico-Essig,
2 EL Apfelsaft,
Salz, Pfeffer

Spaghettisalat mit Pilzen

1. Pilze waschen und ca. 30 Minuten in kaltem Wasser einweichen. Danach ca. 15 Minuten in frischem Wasser köcheln lassen.
2. Die 6 Tomaten kurz mit heißem Wasser überbrühen, häuten und in kleine Würfel schneiden.
3. 5 EL Pilzsud abnehmen, Pilze durch ein Sieb geben und abkühlen lassen.
4. Spaghetti mit einem Schuss Olivenöl bissfest kochen, abschütten.
5. Lauchzwiebeln putzen und in kleine Röllchen schneiden.
6. Eingelegte Tomaten ebenfalls in Würfel schneiden.
7. Cashewkerne hacken.
8. Basilikum fein hacken.
9. Aus dem Pilzsud und den Marinadezutaten eine Soße bereiten, Gemüsebrühepulver mit untermischen.
10. Alle Zutaten vermischen und ca. 1 Stunde ruhen lassen. Eventuell noch einmal mit Salz abschmecken, dann servieren.

! *Pulver für Gemüsebrühe*

Pizza

Pizza-Grundrezept:

1. Hefeteig:
   In die Mitte des Mehles eine Mulde eindrücken, frische Hefe darin zerbröseln. 1 TL Zucker über die Hefe geben, 3 EL warmes Wasser zugeben. Leicht mit Mehl bedecken. Eine 1/2 Stunde an einem warmen Ort gehen lassen.
2. Mehl und Hefe in einer Schüssel langsam vermischen, die 4 EL Olivenöl und das Salz an den Rand des Mehles geben. Dann langsam von der Mitte aus das 1/8 l Wasser zugeben und alles gründlich verkneten. Oregano dazugeben!
3. Teig ca. 1 Stunde ruhen lassen, erneut verkneten. Danach ausrollen und auf einem Blech verteilen. Nochmals mindestens 1/2 Stunde gehen lassen, dann den Teig mit einer Gabel löchern und den Belag auflegen.

Belag:
Erst den Ketchup aufpinseln, mit den Kräutern würzen, anschließend mit Wurst oder Schinken belegen. Die Tomaten und Champignons nach dem Waschen in Scheiben schneiden und abwechselnd auf die Pizza legen. Zwiebelringe darüber verteilen. Eventuell noch einmal mit den Kräutern nachwürzen.

Backen: E-Herd: 180°C, 10–15 Minuten, Gas: Stufe 3
Wer den Teigboden eher kross mag, den Teig erst einmal 5 Minuten vorbacken, bevor der Belag aufgelegt wird.
Erst wenn die Pizza aus dem Ofen kommt, einen Schuss Sojasahne darüber geben.

Zutaten

250 g Mehl, 20 g frische Hefe, Zucker (oder Trockenhefe), 4 EL Olivenöl, 1/8 l lauwarmes Wasser, Salz, 1 TL gehackter Oregano

Belag:
Ketchup, Kräuter der Provence, roher Schinken, Champignons, 1 große in Ringe geschnittene Zwiebel, Tomaten und 1 Schuss Sojasahne

Variante:

- Wer's gerne scharf mag kann, nach französischer Art, auch ein paar Tropfen scharfes Olivenöl auf die Pizza träufeln. Aber erst nach dem Backen! (Rezept für scharfes Olivenöl siehe Kapitel Soßen.)
- Der Belag lässt sich immer wieder verändern. Erlaubt ist, was schmeckt und keinen Milchzucker enthält. (Hier aufgepasst bei Salami!) Statt Ketchup kann man auch auf die rote Grundsoße ausweichen, die mit Kräutern der Provence gemischt wird.

! *Sojasahne, Trockenhefe, Wurst*

Soßen

Dunkle Mehlschwitze

Pflanzenmargarine zerlassen, Mehl darin langsam anschwitzen bis das Mehl dunkelbraun wird (bei kleiner Hitze!). Dann erst unter ständigem Rühren etwas Brühe hinzufügen, bis die gewünschte Sämigkeit erreicht ist.

Kann dazu benutzt werden, die eigene Soße eines Bratens zu verstärken.

Zum Verfeinern:
Einen Schuss Rotwein hinzufügen. Verschiedene Kräuter beigeben.

Zutaten

50 g Pflanzenmargarine,
50 g Mehl,
$^1/_2$ – $^3/_4$ l Gemüsebrühe,
evtl. Salz

! *Gemüsebrühe, Kräuter, Pflanzenmargarine*

French Dressing

Alle Zutaten miteinander verrühren.

Passt zu Blattsalaten, Kohlsalaten und Fisch

Zutaten

3 EL Speiseöl,
1 EL Balsamico-Essig,
2 EL Rotwein,
Salz, Pfeffer, Zucker,
frische Gartenkräuter (z.B. Kerbel, Schnittlauch, Petersilie, Estragon)

! *Nach meinem Wissensstand keine Produkte im Rezept, die Milchzucker enthalten könnten.*

Helle Mehlschwitze

Zutaten

50 g Pflanzenmargarine,
50 g Mehl,
½ – ¾ l Gemüsebrühe,
evtl. Salz

Pflanzenmargarine zerlassen, Mehl darin langsam anschwitzen (bei kleiner Hitze!). Unter ständigem Rühren etwas Brühe hinzufügen, bis die gewünschte Sämigkeit erreicht ist.

Darauf achten, dass sich das Mehl nicht dunkel verfärbt.

Diese Soße kann auch als Grundsoße für Gemüsesuppen verwendet werden. Statt der Fertigbrühe wird jedoch das Kochwasser des jeweiligen Gemüses hinzugefügt (z. B. Blumenkohl, Broccoli...).

! *Gemüsebrühe, Pflanzenmargarine*

Kalte Apfelsoße mit Weingelee

Zutaten

Weißwein,
2 Äpfel (am Besten Boskop),
2 EL Weißweingelee,
1 Prise Zimt,
geriebener Ingwer,
Salz,
1 Prise Zucker,
1 EL Meerrettich aus dem Glas,
125 g Mayonnaise,
Pflanzenmargarine

1. Mayonnaise nach Grundrezept anrühren.
2. Margarine im Topf erhitzen. Äpfel in Weißwein andünsten bis sie zerfallen. Dann das Weingelee hinzufügen.
3. Salz, Ingwerpulver, Zimt und Meerrettich einrühren. Dann Soße abkühlen lassen.
4. Nach dem Abkühlen diese Soße mit Mayonnaise vermischen. Sie sollte süß-sauer schmecken.

Diese Soße kann zu Geflügel und kaltem Braten gereicht werden.

! *Meerrettich, Pflanzenmargarine, Senf*

Kalte Rotweingelee-Soße

Rotweingelee unter Wärme verflüssigen, die restlichen Zutaten nach Geschmack zugeben. Mit Zimt, Pfeffer und Salz abschmecken. Auskühlen lassen.

Diese Soße wird kalt serviert, sie passt zu allen Wildgerichten, sowie Braten und gekochtem Schinken.

Hübsch sieht es aus, wenn man sie in einer Birnenhälfte serviert.

! *Senf*

Zutaten

2-3 EL Rotweingelee, Zitronensaft nach Geschmack, 1 TL Zwiebeln (möglichst klein gerieben!), 1 EL scharfer Senf, 4 EL Rotwein, Pfeffer, Salz, 1 Prise Zimt

Luau-Soße

Alle Zutaten nach Geschmack gut miteinander verrühren. Soße muss gut durchziehen können, mindestens $^1/_2$ Stunde.

Abwandlung:
Wer mag kann statt Zwiebelsalz auch Knoblauchpulver verwenden.

Passt zu kaltem Braten, Wild und Fisch

! *Gewürze*

Zutaten

6 EL brauner Zucker, 2 EL Ananassaft, 4 EL frische klein geschnittene Ananas, 2 EL Balsamico-Essig, 2-3 Spritzer Tabasco, 1 TL reine Sojasauce, 1 Messerspitze Cayennepfeffer, Zwiebelsalz, Pfeffer

Mayonnaise

Zutaten

2 Eigelb, Salz,
Pfeffer,
3 TL mittelscharfer Senf,
1 TL Zitronensaft,
1/8 l Salatöl,
1 Prise Zucker

Wichtig: Alle Zutaten sollten Zimmertemperatur haben!

1. Eigelb, Salz, Pfeffer, Zucker, Senf und Zitronensaft kräftig mit dem elektrischen Mixer verrühren.
2. Dann erst tropfenweise das Öl zufügen und kräftig rühren.

Variante:
Statt Pfeffer kann man durchaus auch Paprikapulver verwenden.

! *Senf*

Pariser Soße

Zutaten

2 hart gekochte Eier,
4 EL Olivenöl,
1 EL Senf,
2 TL Himbeeressig,
1 EL Tomatenmark,
4 EL Rotwein,
2 TL Zucker, Salz, Pfeffer geschrotet,
1 geschälte und klein gehackte Zwiebel,
1 EL frischer klein geschnittener Schnittlauch

Eier pellen und klein hacken, alle Zutaten verrühren, mit Gewürzen abschmecken.

Abwandlung:
Statt Zwiebel kann auch Knoblauch verwendet werden.

Passt zu Kaltem Braten, Fisch und Chicoréesalat

! *Senf,*
Tomatenmark

Remouladensoße

1. Eier schälen und klein hacken.
2. Gewürzgurken würfeln.
3. Zwiebel schälen und möglichst klein würfeln.
4. Zutaten mit Mayonnaise vermischen.
5. Evtl. etwas Brühe von den Gurken beimischen, je nach Geschmack.
6. Den Schnittlauch waschen und klein schneiden, in die Soße einrühren.
7. Mit Pfeffer und Salz abschmecken.

Passt gut zu kaltem Braten.

! *Gewürzgurken, Senf, Tomatenmark (Mayonnaise-Rezept)*

Zutaten

250 g Mayonnaise (siehe Grundrezept Mayonnaise), 2 EL Senf, 1 kleine Zwiebel, 2 hart gekochte Eier, 2 kleine Gewürzgurken, 1 EL frische gehakkte Kräuter, 1 Bund frischer Schnittlauch, Pfeffer, Salz

Rote Grundsoße

1. Pflanzenmargarine zerlassen, Mehl darin langsam anschwitzen. (bei kleiner Hitze!)
2. Unter ständigem Rühren etwas Brühe hinzufügen, bis die gewünschte Sämigkeit erreicht ist. Tomatenmark unterrühren.
3. Kräuter der Provence einrühren und mit Zucker, Pfeffer und Salz abschmecken.

! *Gemüsebrühe, Ketchup, Kräuter, Pflanzenmargarine, Tomatenmark*

Zutaten

50 g Pflanzenmargarine, 50 g Mehl, $\frac{1}{2}$ – $\frac{3}{4}$ l Gemüsebrühe, Salz 1-2 EL Tomatenmark oder Ketchup, 1 geschälte und gehackte Zwiebel, 1 EL Kräuter der Provence, Pfeffer, Salz, Zucker

Rotweingelee-Soße

Zutaten

3 EL Meerrettich aus dem Glas,
3 EL Weingelee,
1 Tasse gemixte Sauerkirschen,
2 EL scharfer Senf,
Pfeffer, Salz, Paprika, frische klein gehackte Petersilie,
Rotwein

Alle Zutaten miteinander mischen und erwärmen.
Soße mit dem Rotwein abschmecken.

Diese Soße verfeinert jede Bratensoße beim Wild, wenn man sie in die normale Bratensoße einrührt.

Passt zu allen Wildgerichten und Braten

! *Meerrettich, Senf*

Scharfes Olivenöl

Zutaten

$^{3}/_{4}$ l Olivenöl,
3 EL getrocknete Kräuter der Provence, je 15 schwarze und weiße Pfefferkörner,
20 getrocknete Chilischoten

Die Kräuter, Pfefferkörner und Chilischoten in eine Flasche geben. Diese Mischung mit Olivenöl bedecken und fest verschließen. Mindestens 14 Tage an einem hellen, warmen Ort ziehen lassen, dabei immer wieder aufschütteln.

! *Kräuter*

Sojasahnesoße für Salat

1. Zwiebel schälen und klein hacken.
2. Kräuter klein hacken.
3. Soße aus allen genannten Zutaten zusammenrühren.

Passt gut zu allen Blattsalatarten.

Varianten:
Je nach Kräuterzugabe kann man den Geschmack dieser Soße gut verändern. Thymian und Oregano zaubern einen provenzialischen Geschmack.

Wem die Soße zu dickflüssig wird, der kann sie durch einen Schuss Mineralwasser verflüssigen.

! *Sojasahne*

Zutaten

6 EL Olivenöl, 2 EL Balsamicoessig, Pfeffer, Salz, 1 Prise Zucker, 1 Zwiebel, frische Kräuter (z. B. Schnittlauch, Petersilie, Borretsch etc.), 250 ml Sojasahne

Sojayoghurtsoße für Salat

1. Zwiebel schälen und klein hacken.
2. Kräuter waschen, klein hacken.
3. Soße aus allen genannten Zutaten zusammenrühren mit Pfeffer und Salz abschmecken.

Passt gut zu allen Blattsalatarten.

Varianten:
Je nach Kräuterzugabe kann man den Geschmack dieser Soße gut verändern. Thymian und Oregano zaubern einen provenzialischen Geschmack.

Wem die Soße zu dickflüssig wird, der kann sie durch einen Schuss Mineralwasser verflüssigen.

! *Sojayoghurt*

Zutaten

6 EL Olivenöl, 2 EL Apfelessig, Pfeffer, Salz, 1 Prise Zucker, 1 Zwiebel, frische Kräuter (z.B. Schnittlauch, Petersilie, Bohnenkraut etc.), 3 EL Sojayoghurt-Natur

Südamerikanische Tomatensoße

Zutaten

6 EL Olivenöl,
1 EL Balsamico-Essig,
2 EL Ketchup,
1 TL grüne Pfefferkörner,
Salz, Zucker

Alle Zutaten nach Geschmack miteinander verrühren.

Passt zu Fisch und kaltem Braten

! *Ketchup*

Tomatenmayonnaise

Zutaten

125 g Mayonnaise ,
3 EL Tomatenmark,
1 EL Ketchup,
1 EL getrocknete Petersilie
1 EL getrockneter Schnittlauch,
Pfeffer,
1 Tomate
1 Zwiebel

1. Tomate häuten und würfeln.
2. Zwiebel schälen und klein hacken.
3. Alle angegebenen Zutaten in die Mayonnaise *(siehe Grundrezept Mayonnaise)* einrühren.

! *Ketchup, Tomatenmark, Kräuter*

Tomatensoße

1. Die Tomaten mit heißem Wasser überbrühen, sodass die Haut abgezogen werden kann. Tomaten würfeln.
2. Zwiebel schälen und würfeln.
3. Olivenöl in der Pfanne erhitzen, Zwiebeln darin andünsten. Tomaten hinzugeben, langsam mit Brühe auffüllen. Mit den Gewürzen abschmecken.
4. Mit Speisestärke binden.

Zutaten

6 frische Tomaten, 1 Zwiebel, 1/2 l Gemüsebrühe, 1-2 EL Tomatenmark oder Ketchup, Kräuter der Provence, 2 EL Olivenöl, Pfeffer, Salz, Chilipulver oder -schoten, Speisestärke

! *Gemüsebrühe, Gewürze, Ketchup, Kräutermischung, Speisestärke, Tomatenmark*

Vinaigrette Sauce

1. Ei pellen und klein hacken.
2. Kräuter waschen und möglichst klein schneiden.
3. Alle Zutaten verrühren, mit Gewürzen abschmecken.

Passt zu Blattsalaten

Zutaten

3 hart gekochte Eier, 1 Bund Schnittlauch, 1 Bund frische Petersilie, 3 EL Olivenöl, 2 TL Himbeeressig, 3 EL Wasser, 1 TL scharfer Senf, Salz, Pfeffer, frischer Estragon

! *Senf*

Beilagen

Zutaten

1 kg fest kochende Kartoffeln,
Olivenöl,
frische Kräuter (z. B. Basilikum oder Thymian)

Blechkartoffeln

1. Kartoffeln gründlich waschen, halbieren, auf ein mit Olivenöl bepinseltes Blech legen. Die Kartoffeln mit der Schalenseite nach unten auf das Blech legen, ebenfalls mit Öl bestreichen.
2. Die Kräuter waschen, klein schneiden und über die Kartoffeln streuen.
3. Kartoffeln mit Folie abdecken, ca. 40 Minuten backen. Dann Folie abnehmen, weitere 20 Minuten backen.

Backen:
Ofen vorheizen: E-Herd: 180°C, Umluft: 200°C
Backzeit ca. 1 Stunde auf mittlerer Schiene.

Passen sehr gut zu Grillfleisch oder frischem Salat

! *Nach meinem Wissensstand keine Produkte im Rezept, die Milchzucker enthalten könnten.*

Zutaten

1/2 l Wasser,
1 TL Salz,
1/2 TL Safran,
Muskat,
300 g Mehl,
Olivenöl zum Frittieren,
Zucker

Churros (Safrangebäck)

1. Salz und Safran im Wasser aufkochen, dann von der Kochstelle nehmen. Mehl hineinschütten und mit dem Wasser verrühren (am besten mit den Knethaken eines elektrischen Mixers). Mit Muskat abwürzen. Wenn sich der Teig als fester Kloß vom Topfboden lösen lässt, ca. 10 Minuten ruhen lassen.
2. Mit einer Spritztülle Teigkringel auf Butterbrotpapier aufspritzen, derweil das Olivenöl in der Pfanne erhitzen. Mit Hilfe des Papiers die Kringel in das heiße Fett befördern und sofort das Papier abziehen. Topf schließen und von jeder Seite ca. 3 Minuten ausbacken.
3. Mit einem Schaumlöffel herausnehmen, wenn sie goldgelb sind, und in Zucker wenden.
4. Mann kann sie auch in normalem Frittierfett in der Fritteuse ausbacken, dann aber keine Kringel formen, sondern kleine Würstchen.

Hinweis:
Einen feineren Geschmack gibt's, wenn man 1/2 TL Vanillepulver dazugibt.

! *Gewürze (wenn kein reines Gewürz verwendet wird), Frittierfett*

Herzoginkartoffeln

1. Kartoffeln abkochen, als Pellkartoffeln.
2. Kartoffeln schälen.
3. Kartoffeln noch warm durch eine Presse drücken.
4. Kartoffelteig mit Eigelb, 50 g Pflanzenmargarine, Pfeffer, Salz und Muskat mischen, eventuell etwas Kartoffelstärke untermischen.
5. Teig in eine Spritztülle mit Sternform geben. Kleine Rosetten auf ein eingefettetes oder mit Backpapier ausgelegtes Backblech spritzen.
6. Die restliche Pflanzenmargarine zerlassen und die Rosetten vor dem Backen damit bestreichen.

Zutaten
800 g Kartoffeln (mehlig kochende), 60 g Pflanzenmargarine, 2 Eigelb, Salz, Pfeffer, Muskat, etwas Kartoffelstärke

Backofen vorheizen: E-Herd: 225°C, Gasherd: Stufe 4
Backzeit ca. 10 Minuten.

Hinweis: Je nach der Festigkeit der Pflanzenmargarine muss etwas mehr oder weniger Kartoffelstärke zugegeben werden.

! *Gewürze, Pflanzenmargarine*

Kartoffelklöße aus gekochten Kartoffeln

Zutaten

1 kg mehlig kochende Kartoffeln,
150 g Mehl,
2 Eier,
1 TL Salz, Pfeffer, Muskat,
1 EL frische gehackte Petersilie

1. Kartoffeln als Pellkartoffeln kochen und anschließend schälen.
2. Die Kartoffeln noch heiß zerstampfen, alle Zutaten hinzugeben und gut durchkneten.
3. Ca. 5 cm dicke Rollen formen, davon Teile abschneiden und Klöße formen. In kochendes Wasser geben und ca. 15-20 Minuten ziehen lassen.

Hinweis: Sollten die Klöße auseinander fallen, etwas Stärke untermischen.

! *Gewürze, Speisestärke*

Kroketten

Zutaten

850 g mehlig kochende Kartoffeln,
1-2 EL Pflanzenmargarine,
2 Eigelb,
3 EL Mehl, Salz, Pfeffer, Muskatnuss,
1 TL gehackte Petersilie

Umhüllung: Paniermehl (Stellt man am besten selbst aus einem Weißbrot ohne Milch her), Mehl, 3 verquirlte Eier

1. Kartoffeln als Pellkartoffeln kochen, anschließend schälen und direkt durch eine Kartoffelpresse geben.
2. Teig mit Pflanzenmargarine, Mehl, Eigelb und Gewürzen mischen. Als Rolle formen und in ca. 3 cm lange Stücke formen.
3. Panieren: Rollen erst in Mehl, dann im verquirlten Eigelb und zuletzt im Paniermehl wenden.

Fritteuse auf 180°C erhitzen und in Portionen ca. 4 Minuten ausbacken.

! *Gewürze, Pflanzenmargarine, Paniermehl*

Kartoffelpüree

Zutaten

500 g mehlig kochende Kartoffeln, $^1/_4$ l Kochwasser der Kartoffeln, 2-3 EL Pflanzenmargarine, 2 TL Salz

1. Kartoffeln schälen, waschen und in einen Topf geben. Mit Wasser auffüllen, 2 TL Salz hinzufügen, dann auf den Herd setzen und ca. 15-20 Minuten kochen lassen. (Bis die Kartoffeln weich sind.)
2. Nach dem Garen vom Herd nehmen, $^1/_4$ l des Kochwassers aufheben, den Rest abschütten. Die Kartoffeln zerdrücken und mit dem elektrischen Handmixer das restliche Kartoffelwasser unterrühren. Die 2-3 EL Pflanzenmargarine zufügen und verrühren.
3. Wer es gerne noch feiner mag, kann auch einen Schuss Sojasahne unterrühren.

! *Pflanzenmargarine, Sojasahne*

Möhren-Kartoffel-Püree

Zutaten

250 g Möhren, Zucker, Salz, Pfeffer, 1 EL Pflanzenmargarine, 1 Zwiebel, Wasser, Kartoffelpüree wie oben beschrieben, 500 g mehlig kochende Kartoffeln, $^1/_4$ l Kochwasser der Kartoffeln, 2-3 EL Pflanzenmargarine, 2 TL Salz

1. Möhren waschen und putzen, in Würfel schneiden. Zwiebel schälen und in Würfel schneiden.
2. Kartoffeln schälen, waschen und in einen Topf geben. Mit Wasser auffüllen, 2 TL Salz hinzufügen, dann auf den Herd setzen und ca. 15-20 Minuten kochen lassen. (Bis die Kartoffeln weich sind.)
3. Kartoffeln nach dem Garen vom Herd nehmen, $^1/_4$ l des Kochwassers aufheben, den Rest abschütten. Die Kartoffeln zerdrücken und mit dem elektrischen Handmixer das restliche Kartoffelwasser unterrühren. Die 2-3 EL Pflanzenmargarine zufügen und verrühren.
4. Topf mit Pflanzenmargarine erwärmen. Zwiebel anschwitzen. Möhren unter Wasserzugabe andünsten, anschließend pürieren.
5. Die pürierten Möhren gleichmäßig unter dem Kartoffelpüree verteilen. Eventuell mit Sojasahne verfeinern.

! *Pflanzenmargarine, Sojasahne*

Zutaten

ca. 15 mittelgroße feste Kartoffeln,
4 Eier,
1-2 EL Mehl,
Salz, Pfeffer, Muskatnuss, Petersilie, Majoran, Bohnenkraut,
1 Zwiebel,
Pflanzenmargarine,
Paniermehl

Pfälzer Klöße

1. Die Kartoffeln am Vortag abkochen, nach dem Kochen Schale abziehen.
2. Die Kartoffeln zerstampfen.
3. Die Zwiebel klein schneiden und mit der Petersilie in der Pflanzenmargarine andünsten.
4. Zwiebel unter die Kartoffelmasse geben, Eier und Mehl hinzufügen. Nach Geschmack mit den oben genannten Gewürzen abschmecken.
5. Klöße formen, in kochendes Wasser geben und ca. 15-20 Minuten ziehen lassen.
6. Das Paniermehl in der Pflanzenmargarine leicht anrösten und vor dem Servieren über die Klöße geben.

! *Gewürze, Pflanzenmargarine, Paniermehl*

Gemüse

Ananas-Sauerkrautauflauf

1. Zwiebel schälen und würfeln, in Pflanzenmargarine andünsten.
2. Das Sauerkraut hinzufügen und schmoren lassen. Danach mit etwas Wasser andünsten.
3. Die abgetropften Ananasstücke ca. 12 Minuten vor Ende der Garzeit hinzufügen.
4. Mit Weißwein, Salz, Zucker, Pfeffer und Ananassaft abschmecken.
5. Zum Verfeinern nach Geschmack einen Schuss Sojasahne hinzufügen.

Passt gut zu Ente, Pute, Hähnchen oder Mandelschnitzel

! *Pflanzenmargarine, Sauerkraut, Sojasahne, Speisestärke*

Zutaten

1 Zwiebel, 25 g Pflanzenmargarine, 300 g Sauerkraut, $\frac{1}{8}$ – $\frac{1}{4}$ l Wasser, 2 Scheiben Ananas in Stücken, Ananassaft, $\frac{1}{8}$ l Weißwein, Salz, Pfeffer, Zucker, Speisestärke, Sojasahne

Champignon-Kartoffelpfanne

1. Champignons waschen, dann in Scheiben schneiden.
2. Zwiebel schälen, würfeln.
3. Die abgezogenen Pellkartoffeln in Würfel schneiden, mit dem Dörrfleisch und den Zwiebeln in der Pflanzenmargarine anbraten.
4. Champignons zugeben.
5. Eier schlagen, Sojasahne einrühren, mit Schnittlauch und Gartenkräuter abschmecken.
6. Diese Masse über die Kartoffeln geben und stocken lassen.

! *Pflanzenmargarine, Sojasahne*

Zutaten

100 g Champignons, 250 g Pellkartoffeln, 50 g Dörrfleisch, 1 große Zwiebel, 3 Eier, $\frac{1}{8}$ l Sojasahne, Salz, Gartenkräuter, Schnittlauch, Pflanzenmargarine

Gebackene Maiskolben

Zutaten

4 Maiskolben,
Pflanzenmargarine,
Salz, Zucker,
Pfeffer,
1 Prise Chili

1. Die Blätter und das silberne Maishaar an den Kolben entfernen.
2. Die Maiskolben auf die Alufolie legen, von allen Seiten mit Pflanzenmargarine bestreichen. Je nach Geschmack mit Zucker, Salz und Gewürzen würzen. Folie schließen.
3. Bei mittlerer Hitze ca. 30 Minuten im Ofen backen.

! *Gewürze,*
Pflanzenmargarine

Gefüllte Zucchini

Zutaten

1 altes Brötchen,
4 mittelgroße Zucchini,
1 kleine gewürfelte Zwiebel,
1 Teelöffel getrocknete Petersilie,
300 g Rinderhack,
1 Ei,
2 TL mittelscharfer Senf,
Paprikapulver edelsüß,
Muskat,
Salz, Pfeffer,
1 Packung passierte Tomaten,
1 TL Oregano gerebelt,
1 Würfel Gemüsebrühe

1. Brötchen in Wasser einweichen, Zucchini waschen, halbieren und aushöhlen (mit dem Löffel).
2. Hackfleisch mit Brötchen, Zwiebel, Ei, Senf, Muskat, Paprika, Pfeffer und Salz würzen. Auf die Zucchinihälften geben, zuvor die restliche Zucchinimasse unterheben.

Soße:

3. Passierte Tomaten mit Pfeffer, Salz, Oregano und Gemüsebrühwürfel verrühren.
4. Auflaufform ausfetten, Zucchini einsetzen und mit Soße übergießen.

Backen: E-Herd: 200°C, Backzeit 1 Stunde
Wer will kann auch in die Soße noch zusätzlich Knoblauch oder Zwiebeln geben.

! *Brötchen, Fertigpackung passierte Tomaten,*
Gemüsebrühwürfel, Gewürze, Kräuter,
Pflanzenmargarine, Senf, Sojasahne

Gurkengemüse mit Reis

1. Gurken waschen und würfeln.
2. Tomaten waschen, überbrühen, häuten und würfeln.
3. Zwiebel schälen und würfeln.
4. Als Erstes die Zwiebeln im Öl andünsten, anschließend Gurken und Tomaten zugeben.
5. Langsam die Gemüsebrühe auffüllen, mit Curry, Pfeffer und Salz abschmecken. Eventuell Pflanzenmargarine zugeben.

Dazu wird Reis serviert.

! *Gemüsebrühe, Gewürze, Pflanzenmargarine*

Zutaten

2 TL Olivenöl,
1 kleine gehackte Zwiebel,
2 Tomaten,
1 große Salatgurke,
1/2 TL Currypulver,
Pfeffer, Salz,
1/4 l Gemüsebrühe,
Pflanzenmargarine

Kartoffelgemüse

Zutaten

2 größere Zwiebeln, 250 g Pellkartoffeln, 75 g gewürfeltes Dörrfleisch, 150 g Tiefkühlerbsen, 150 g Tiefkühlkarotten, Salz, Pfeffer, 1 Würfel Gartenkräuter oder 1 EL getrocknete Kräuter, Pflanzenmargarine

1. Zwiebeln schälen, würfeln und mit Pflanzenmargarine in einer Pfanne andünsten.
2. Gewürfeltes Dörrfleisch hinzufügen, etwas anbraten.
3. Kartoffeln häuten, in Scheiben schneiden. Zum Dörrfleisch dazugeben, kräftig anbraten.
4. Erbsen und Karotten in einem Topf separat andünsten. Nach dem Garen zu den Kartoffeln geben und kurz mitbraten.
5. Mit Salz und Gartenkräutern abschmecken.

Zum Verfeinern: Evtl. einen Schuss Sojasahne hinzufügen.

Dieses Gemüse passt gut zu Frikadellen, Würstchen, Spiegelei oder Rührei

! *Gewürze, Kräuter, Pflanzenmargarine, Sojasahne*

Möhrengemüse

Zutaten

1 große Zwiebel, 500 g gewürfelte Möhren (auch Tiefkühlkost), 1/4 l Gemüsebrühe, 1 EL Zucker, 1 Prise Salz, Pfeffer, Pflanzenmargarine

1. Zwiebel würfeln, in einem Topf mit Pflanzenmargarine andünsten.
2. Möhren hinzugeben, andünsten. Dann mit Gemüsebrühe ablöschen und garen bis die Möhren weich sind.
3. Mit Zucker, Salz und Pfeffer abschmecken.

Eventuell mit Sojasahne verfeinern.

! *Gemüsebrühe, Pflanzenmargarine, Sojasahne*

Paprikagemüse aus dem Römertopf

1. Römertopf wässern.
2. Die Paprika waschen, entkernen und in grobe Streifen schneiden.
3. Tomaten mit heißem Wasser überbrühen und häuten. Anschließend in Würfel schneiden.
4. Zwiebeln schälen und in kleine Streifen schneiden.
5. Diese Zutaten in den gewässerten Römertopf geben.
6. Die Gemüsebrühe einfüllen und die Gewürze je nach Geschmack hinzugeben.
7. In die unterste Schiene des Backofens einsetzen.

Backen: Ober/Unterhitze: 220°C, Backzeit ca. 60 Minuten

! *Brühwürfel für Gemüsebrühe, Gewürze, Kräuter*

Zutaten

800 g Paprikaschoten, 3 große Tomaten, 2 Zwiebeln, 1/4 l Gemüsebrühe, Pfeffer, Salz, Paprikapulver, Kräuter der Provence

Rosenkohl aus dem Römertopf

Zutaten

*600 g Rosenkohl,
3 Tomaten,
2 Zwiebeln, Salz,
Pfeffer, Muskat,
1 EL Pflanzenmargarine,
1/4 l Gemüsebrühe,
2 EL Sojasahne,
Speisestärke*

1. Rosenkohl waschen und putzen.
2. Tomaten überbrühen, würfeln.
3. Zwiebeln schälen, würfeln.
4. Alle Zutaten bis auf Sojasahne und Speisestärke in den gewässerten Römertopf geben. Deckel schließen und auf unterste Schiene im Ofen einsetzen. Ca. 50 Minuten bei 220°C backen.
5. Nach dem Garen noch einmal abschmecken, Soße in einen extra Topf geben. Mit Speisestärke binden und kurz erhitzen.
6. Soße vom Herd nehmen und Sojasahne nach Geschmack zugeben.

Wer den Rosenkohl lieber weicher mag, sollte ihn ca. 60-70 Minuten bei 250°C backen.

! *Gemüsebrühe, Pflanzenmargarine, Sojasahne, Speisestärke*

Süßer Spinat

Zutaten

*250 g grüner Tiefkühlspinat (natürlich geht's auch mit frischem Spinat),
Fruchtfleisch einer kleinen Banane (ca. 90 g),
Pflanzenmargarine,
Ingwerpulver, Salz,
Pfeffer, Muskat*

1. Spinat gemäß der Packung zubereiten, Kochwasser aber abschütten. Der Spinat sollte möglichst trocken sein.
2. Fruchtfleisch der Banane in hauchdünne Scheiben schneiden. In der Pfanne kurz mit der Pflanzenmargarine anbraten. Eine Prise Ingwerpulver hinzufügen, dann alles unter den Spinat ziehen und nochmals mit Muskat abschmecken.

Das Ganze kann mit Reis serviert werden.

! *Gewürze, Pflanzenmargarine. Beim Spinat darauf achten, dass er nicht mit Sahne angereichert wurde.*

Nachspeisen

Apfelringe in Bierteig

1. Äpfel schälen, Kerngehäuse ausstechen und ca. 1 cm breite Ringe schneiden.
2. Die Apfelringe in eine Rum-Zucker-Mischung legen und einige Zeit ziehen lassen (je nach Geschmack). Anschließend die Ringe in Bierteig wenden.
3. Nach Geschmack mit Zucker und Zimt bestreuen.

Bierteig:

1. Eier trennen, die 2 Eiweiß zu Eischnee aufschlagen.
2. Die restlichen Zutaten zu einem dickflüssigen Teig verrühren, dann das Eiweiß unterheben.
3. Apfelringe in dieser Masse wenden.
4. Die Ringe in heißem Fett ausbacken.

Man kann auch anderes Obst verwenden, z. B. Ananas.

Zutaten

2 Äpfel,
Rum, Zucker, Zimt

Bierteig:
200 g Mehl,
2 Eier,
1/4 Liter dunkles Bier,
1 Prise Salz,
Mark einer 1/2 Vanilleschote

! *Fett,*
Gewürze

Birnen in Rotwein

1. Birnen waschen, nicht schälen.
2. Rotwein mit Zimt, Nelken, Zucker und dem Mark der Vanilleschote zum Kochen bringen.
3. Birnen hineingeben, sodass sie mit der Flüssigkeit bedeckt sind. Mit geschlossenem Deckel ca. 45 Minuten köcheln, bis die Birnen weich sind. Dann die Birnen aus dem Topf nehmen.
4. Die Flüssigkeit mit Zucker nach Geschmack süßen und einkochen, bis diese sirupartig ist.
5. Vor dem Servieren den Sirup über die Birnen gießen.

Diese Nachspeise kann warm oder kalt gereicht werden.

Zutaten

1 kg Birnen,
20 Gewürznelken,
4 Zimtstangen,
10 g Zucker,
1 l Rotwein,
Mark 1 Vanilleschote

! *Nach meinem Wissensstand keine Produkte im Rezept, die Milchzucker enthalten könnten.*

Erdbeereis-Sorbet

(nur mit handelsüblicher Eismaschine für den Normalhaushalt möglich)

Zutaten

250 g tiefgekühlte Erdbeeren,
180 ml reiner Himbeersirup

Erdbeeren möglichst klein hacken, dann in die Eismaschine geben und langsam den Sirup hinzuführen.
Ca. 30 Minuten in der Eismaschine lassen.

Abwandlung:
Einfach andere Früchte verwenden!

Es kann auch frisches Obst verwendet werden. Hierbei sollte beachtet werden, dass es kurze Zeit kalt gelagert wird, da das Sorbet sonst zu flüssig ausfällt.

Wer den fertigen Sirup nicht mag, kann auch selbst einen Zuckersirup herstellen, hier das Rezept:
400 g Kristallzucker, 400 ml Wasser (ergeben ungefähr 600 ml Sirup)

Wasser und Zucker in eine Pfanne geben, den Kristallzucker unter ständigem Rühren bei leichter Wärme auflösen. Sollte sich Schaum bilden, sofort abschöpfen! Wenn der gesamte Zucker gelöst ist, den Sirup maximal 1 Minute kurz aufkochen.
Wer reinen Zuckersirup verwendet, sollte nur 150 ml Sirup in die Früchte geben, dafür aber zusätzlich ca. 15–20 ml Zitronensaft.

! *Nach meinem Wissensstand keine Produkte im Rezept, die Milchzucker enthalten könnten.*

Nektarinen-Sorbet

(nur mit handelsüblicher Eismaschine für den Normalhaushalt möglich)

Zutaten

500 g Nektarinenfruchtfleisch,
$^1/_8$ l Apfelsaft,
50 g Puderzucker,
1 EL Zitronensaft,
1 TL Vanillezucker,
1 Prise Zimt

Fruchtfleisch pürieren, dann ca. 1 Stunde im Kühlschrank kalt stellen. Anschließend mit obigen Zutaten mischen.

In die Eismaschine füllen.
Zubereitungszeit in der Eismaschine ca. 20–30 Minuten.

! *Gewürz*

Schnelleis für Kinder
(ohne Eismaschine)

Den Fruchtsaft etwas (nach Geschmack) mit Biobin eindicken, in Eiswürfelbehälter oder Plastikeierbecher einfüllen und dicke Strohhalme als Stiel hineinstecken. Anschließend im Tiefkühlfach tiefgefrieren.

Etwas professioneller sieht es aus, wenn man fertige Eisbehälter mit Stiel im Haushaltswarenladen besorgt. Man kann diese dann immer wieder verwenden.

Bei dem Fruchtsaft sollte man darauf achten, dass er von sich aus schon sehr dickflüssig ist.

Zutaten

Fruchtsaft (z. B. Banane oder Mangosaft), Biobin

! *Saft*

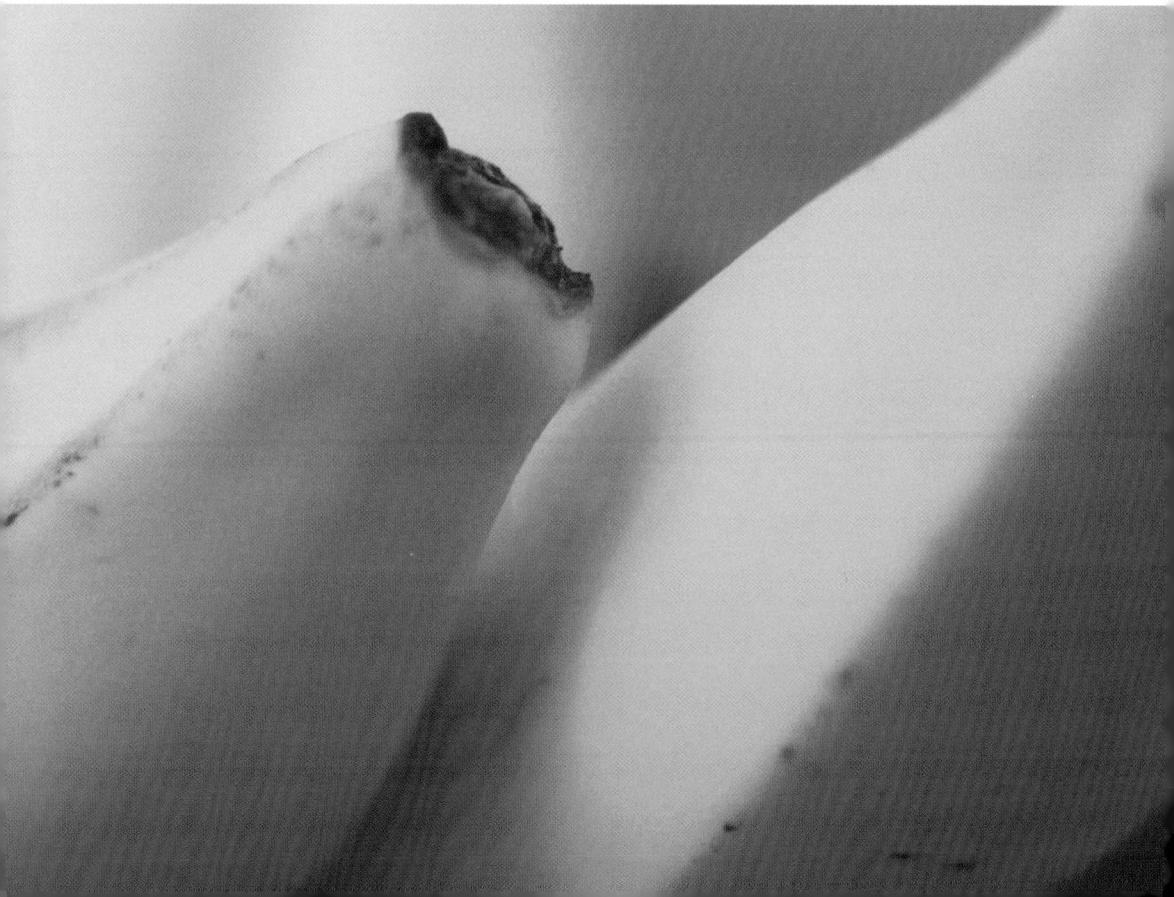

Sojaeis Banane-Erdbeer
(nur mit handelsüblicher Eismaschine möglich)

Zutaten

2 Bananen,
Erdbeeren,
150 ml Sojasahne

Bananen pürieren. Die Erdbeeren zugeben, bis 300 g Fruchtmasse erreicht sind. Ebenfalls pürieren. Diese Masse mit 150 ml Sojasahne auffüllen und gut vermischen. Ca. 2 Stunden im Kühlschrank kalt stellen.

In die Eismaschine füllen.

Zubereitungszeit in der Eismaschine ca. 20-30 Minuten.

! *Sojasahne*

Sojaeis Nektarine-Ananas-Banane
(nur mit handelsüblicher Eismaschine für den Normalhaushalt möglich)

Banane pürieren. Nektarine und Ananas zugeben, bis 300 g Fruchtmasse erreicht sind. Ebenfalls pürieren. Diese Masse mit 100 ml Sojasahne auffüllen und gut vermischen. Anschließend für ca. 2 Stunden im Kühlschrank kalt stellen.

In die Eismaschine füllen.

Zubereitungszeit in der Eismaschine ca. 20-30 Minuten.

! *Sojasahne*

Zutaten

1 Banane,
1 Nektarine,
frische Ananas,
100 ml Sojasahne

Wackel-Apfel

Zutaten

3/4 l Apfelsaft,
12 Blatt weiße Gelatine,
1 Vanilleschote,
Zucker,
3 süß-aromatische Äpfel, Zimt

1. Gelatine fünf Minuten in kaltem Wasser einweichen und leicht ausdrücken.
2. Apfelsaft mit der aufgeschlitzten Vanilleschote erhitzen. Nach Bedarf mit Zucker süßen. Dann die Gelatine in den Apfelsaft geben, zuvor die Vanilleschote herausnehmen. Mit Zimt abschmecken.
3. Den Apfelsaft kalt stellen und leicht angelieren lassen.
4. Derweil die Äpfel schälen und in kleine Würfel schneiden.
5. Wenn der Saft anfängt fester zu werden, die Apfelstücke untermischen. Gleichmäßig in der Schale verteilen (eine Glasschale macht sich sehr gut!). Kalt stellen.

! *Gelatine,*
Gewürz

Zitronen-Sorbet
(nur mit handelsüblicher Eismaschine für den Normalhaushalt möglich)

Zutaten

175 ml frischer Zitronensaft,
300 ml Zuckersirup (Herstellung siehe unter Erdbeereis-Sorbet),
1/2 Eiweiß,
Saft einer halben Apfelsine,
1 Scheibe frische Zitrone

1. Alle Zutaten kalt stellen.
2. Zitronenscheibe schälen und in kleine Stückchen schneiden.
3. Eiweiß steif schlagen, Zitronen und Apfelsinensaft in den Sirup einrühren.
4. Langsam Eiweiß und Sirupflüssigkeit mischen. Zitronenstückchen zugeben.
5. Alles in die Eismaschine geben.

Zubereitungszeit in der Eismaschine ca. 20-30 Minuten.

! *Nach meinem Wissensstand keine Produkte im Rezept, die Milchzucker enthalten könnten.*

Backwaren

Kuchen

Eierlikörkuchen

Alle Zutaten gründlich mischen. Eine Kastenform fetten oder mit Backpapier auslegen. Teig einfüllen.

Backen:
E-Herd: 175°C
Backzeit 50-60 Minuten
Garprobe machen, eventuell noch etwas Zeit zugeben.

! *gemahlene Vanille, Pflanzenmargarine, Eierlikör, Backpulver*

Zutaten

*1/4 l Öl,
1/4 l Eierlikör,
4 Eier Größe M,
125 g Mehl,
125 g Mais- oder Kartoffelstärke,
1 Päckchen Backpulver, 1 Prise gemahlene Vanille oder frische Vanille aus der Schote,
250 g Puderzucker
zum Ausfetten der Form etwas Pflanzenmargarine*

Mürbeteig für Tortenböden

Zutaten

Knetteig:
200 g Mehl,
1TL Backpulver,
1 Ei, 1 Eigelb,
1 Prise Salz,
Mark einer Vanilleschote,
80 g Zucker,
1 Päckchen Vanillezucker,
150–160 g Pflanzenmargarine

Mürbeteig aus genannten Zutaten herstellen:
Ei, Eigelb, Zucker, Salz und Pflanzenmargarine mit dem Vanillezucker schaumig rühren. Dann langsam Mehl, Backpulver und das Mark der Vanilleschote unterrühren.

Tortenbodenform mit einem Durchmesser von 26 cm einfetten. Den Boden der Form mit Backpapier auslegen, Rand fetten. Mürbeteig einfüllen.

Backen:
Ofen vorheizen: E-Herd: 200-220 Grad, Gasherd: Stufe 3-4
Backzeit ca. 15-20 Minuten
Untere Schiene, Einstellung Ober-/Unterhitze
Garprobe machen!

Nach Belieben mit gut abgetropftem Obst belegen und einen Tortenguss über das Ganze ziehen (Aufgepasst beim Guss auf Milchzucker!).

! *Pflanzenmargarine, Backpulver, Tortenguss, Vanillezucker*

Nusskuchen

Aus genannten Zutaten einen Rührteig herstellen.

Zutaten

150 g Pflanzenmargarine,
100 g Zucker,
1 Päckchen Vanillezucker,
2 Eier,
1 Prise Salz, Mark einer Vanilleschote,
130 g Weizenmehl,
1 TL Backpulver,
2 EL Rum,
50 g gemahlene Haselnüsse oder Mandeln,
Paniermehl

1. Pflanzenmargarine, Zucker, Vanillezucker und Eier schaumig rühren.
2. 1 Prise Salz und Mark der Vanilleschote hinzufügen.
3. Die gemahlenen Haselnüsse (oder Mandeln) einrühren, Mehl und Backpulver hinzugeben.
4. Die 2 EL Rum unterrühren.
5. Gugelhupf-Form gut fetten, Teig einfüllen. (Damit der Kuchen nicht kleben bleibt, Pflanzenmargarineschicht evtl. mit Paniermehl bestreuen.)

Backen:

E-Herd: 150 Grad, Gas: Stufe 2–2 $^{1}/_{2}$
Backzeit ca. 60-70 Minuten
Untere Schiene, Einstellung Ober-/Unterhitze
Garprobe machen!

Vor dem Entnehmen auskühlen lassen und erst kurz vor dem Servieren mit Puderzucker bestäuben.

! *Pflanzenmargarine, Backpulver, Vanillezucker, Paniermehl*

Zutaten

8 Eigelb,
4 Eier,
160 g Zucker,
1 TL gemahlene Vanille, Mark einer Vanilleschote,
1 Prise Salz,
120 g Dinkelmehl,
30 g Maisstärke,
Puderzucker zum Bestäuben,
Pflanzenmargarine zum Einfetten der Backform

Pao de Ló

1. Eigelb, Eier, Zucker, Vanille, Mark der Schote und Salz mit dem Schneebesen eines elektrischen Rührgerätes verrühren.
2. 15 Minuten auf Stufe 2 rühren, dann ca. 15 Minuten ruhen lassen.
3. Mehl und Stärke vermischen, dann in kleine Portionen unter den Eischaum rühren.
4. Auf gleichmäßige Verteilung achten!
5. Springform mit einem Durchmesser von 26 cm einfetten. Den Boden der Springform an der Nahtstelle mit Alufolie abdichten. Teig einfüllen und in den vorgeheizten Backofen schieben.

Backen:
Ofen vorheizen: E-Herd: 150°C , Gas: Stufe 1
Backzeit 1 Stunde

Achtung, je nach Größe der Eier verlängert sich die Backzeit! Unbedingt Garprobe machen. Am Besten kleine Eier verwenden.

Vor dem Entnehmen auskühlen lassen und erst kurz vor dem Servieren mit Puderzucker bestäuben.

! *gemahlene Vanille, Pflanzenmargarine*

Rotweinkuchen

1. Pflanzenmargarine, Zucker, Eier, Vanillezucker und Zimt schaumig rühren. Mark der Vanilleschote dazugeben.
2 Geraspelte Zartbitter-Schokolade und Rotwein einrühren.
3. Mehl, Kakaopulver und Backpulver schrittweise in den Teig einmischen.
4. Alle Zutaten miteinander in der Küchenmaschine verrühren, und in eine gefettete Bundkuchenform füllen.

Backen:
Heißluft: 160°C
Unterste Schiene
Backzeit ca. 60 Minuten

Glasur: Etwas Rotwein und Puderzucker mischen, sodass ein dickflüssiger Brei entsteht.

Sobald der Kuchen etwas ausgekühlt ist, aus der Form stürzen und mit der Rotwein-Puderzuckerglasur bestreichen. Erkalten lassen.

! *Backpulver, Gewürze, Kakaopulver, Margarine, Vanillezucker, Zartbitter-Schokolade*

Zutaten

250 g Pflanzenmargarine, 250 g Mehl, 250 g Zucker, 1 Prise Salz, 3 Eier, 1/8 l Rotwein, 1 TL Zimt, 3 TL Kakaopulver, 100 g geraspelte Zartbitter-Schokolade, 1 Päckchen Backpulver, 1 Päckchen Vanillezucker, Mark einer Vanilleschote

Für den Guss: Rotwein und Puderzucker

Zum fetten der Form: Pflanzenmargarine

Zutaten

Zutaten für Knetteig:
180 g Mehl,
60 g Zucker,
1 Päckchen Vanillezucker, 1 Messerspitze Backpulver,
120 g Pflanzenmargarine, 1 Ei, 1 Prise Salz

Zutaten für Streusel:
300 g Weizenmehl,
150 g Zucker,
1 Päckchen Vanillezucker, Mark einer ½ Vanilleschote,
120 g - 200 g Pflanzenmargarine (hier sollte man auf eine feste Pflanzenmargarine achten, sonst verlaufen die Streusel zu stark),
1 Prise Zimt

Streuselkuchen

Knetteig aus den genannten Zutaten herstellen:

1. Pflanzenmargarine, Ei, Zucker, Salz und Vanillezucker schaumig rühren.
2. Mehl und Backpulver mischen, beides in den Teig unterrühren.

Streusel herstellen:

1. Pflanzenmargarine, Zucker, Vanillezucker mischen.
2. Mark der Vanilleschote und die Prise Zimt dazugeben.
3. Mehl einkneten, gut verteilen. Zum Schluss großflockige Streusel bilden.

Springform mit einem Durchmesser von ca. 26 cm einfetten. Den Boden der Springform mit Backpapier auslegen. Knetteig einfüllen. Über den Knetteig die Streusel flockig verteilen.

Backen:
Ofen vorheizen:
E-Herd: 170-190 Grad
Backzeit ca. 80-90 Minuten
Unterste Schiene, Einstellung Ober-/Unterhitze
Garprobe machen!

Abwandlung:
Auf den Knetteig eine Schicht abgetropfte Kirschen aus dem Glas legen, bevor man alles mit Streuseln bedeckt.
Alternativ kann man auch frische Äpfel verwenden.
Zimt bei den Streuseln je nach Obst weglassen.

! *Backpulver, gemahlene Vanille, Gewürze, Obstkonserve, Pflanzenmargarine, Vanillezucker*

Weinkuchen oder Apfelsaftkuchen

Knetteig aus den genannten Zutaten herstellen:

1. Pflanzenmargarine, Zucker, Vanillezucker, Ei, Salz und Mark der Vanilleschote schaumig rühren.
2. Mehl und Backpulver untermischen.
3. Springform mit einem Durchmesser von ca. 26 cm einfetten. Den Boden der Springform mit Backpapier auslegen. Knetteig einfüllen.

Füllung zubereiten:
1. Äpfel schälen, entkernen und in Achtel schneiden, in den Boden drücken.
2. Die zwei Päckchen Vanillepudding mit dem Zucker und $^3/_4$ l Weißwein (oder Saft) aufkochen. Über die Äpfel gießen und in der Form verteilen.

Backen:
Ofen vorheizen:
E-Herd: 175 Grad
Backzeit ca. 60-70 Minuten
Untere Schiene, Einstellung Ober-/Unterhitze

Garprobe machen! Eventuell Kuchen mit Folie abdecken und die Garzeit verlängern. Je frischer die Äpfel, desto länger die Garzeit.

Vor dem Entnehmen auskühlen lassen und erst kurz vor dem Servieren mit Puderzucker bestäuben.

! *Backpulver, Pflanzenmargarine, Puddingpulver, Vanillezucker*

Zutaten

Knetteig:
180 g Mehl,
60 g Zucker,
1 Päckchen Vanillezucker, Mark einer Vanilleschote,
1 Messerspitze Backpulver,
120 g Pflanzenmargarine,
1 Ei, 1 Prise Salz

Belag:
7-8 Kochäpfel,
2 Päckchen milchzuckerfreier Vanillepudding zum Kochen,
$^3/_4$ l Weißwein (oder Apfelsaft),
250 g Zucker.

Puderzucker zum Bestreuen

Plätzchen

Anisplätzchen

Zutaten

2 Eier,
200 g Puderzucker,
1 Päckchen Vanillezucker, Mark einer Vanilleschote,
2 TL Anispulver,
225 g Dinkelvollkornmehl

1. Eier und Puderzucker zuerst miteinander verrühren.
2. Die restlichen Zutaten untermischen, Mehl langsam zugeben.

Backen:
Ofen vorheizen: Heißluft 160°C: Einschubleiste 1 und 3
Ober-/Unterhitze: 180°C: mittlere Einschubleiste
Backzeit ca. 10 Minuten

! *Backpulver, Gewürze, Pflanzenmargarine, Vanillezucker*

Marzipanbrezel

Zutaten

250 g Marzipanrohmasse,
1 Eiweiß,
2 EL Speisestärke,
1 Messerspitze Backpulver,
60 g Puderzucker,
2 Tropfen Bittermandelöl,
1 Tropfen Rumaroma

Verzierung:
100 g gehobelte Mandeln,
1 Eigelb mit etwas Rum verrühren

1. Ei trennen, Eiweiß steif schlagen.
2. Speisestärke und Backpulver mischen, unter den Eischnee heben.
3. Puderzucker sieben, Rumaroma und Bittermandelöl zum Puderzucker geben, anschließend alles unter die Eischneemasse heben.
4. Marzipan zerkleinern, dann mit der Teigmasse verrühren, bis ein glatter Teig entsteht.
5. Von dieser Masse mit einem Teelöffel gleich große " Walnüsse" abstechen. Daraus jeweils kleine Brezel formen und auf ein mit Backpapier belegtes Blech setzen.
6. Eigelb und Rum verquirlen.
7. Die Brezel mit der Eigelb-Rum-Masse bestreichen, sofort mit den gehobelten Mandeln bestreuen.
8. Ca. 2 Stunden zum Austrocknen stehen lassen.

Backen:
E-Herd: 200°C, Gas: Stufe 4, Umluft: 180°C
Backzeit: ca. 10-15 Minuten

! *Backpulver, Gewürze, Marzipan, Pflanzenmargarine, Vanillezucker*

Marzipanplätzchen mit Zuckerguss

1. Pflanzenmargarine, Zucker, Vanillezucker, Salz, Mark der Vanilleschote, Zimt und Ei gut verrühren, bis der Zucker aufgelöst ist.
2. Marzipan-Rohmasse in kleine Würfel schneiden und mit den bereits angerührten Zutaten vermischen. Je kleiner die Würfel, desto besser verteilt sich die Rohmasse.
3. Mehl und Backpulver mischen. Langsam zum Teig geben und kräftig vermischen.
4. Teig ausrollen und beliebige Ausstecker formen.
5. Auf ein mit Backpapier ausgelegtes Backblech legen.

Backen:

E-Herd: 175°C, vorheizen, Backzeit ca. 12 Minuten
Sofort mit Guss bestreichen und auskühlen lassen.

Guss: 1 Eiweiß steif schlagen, 250 g Puderzucker einrieseln lassen. Je nach Bedarf noch mit etwas Wasser verdünnen.

! *Backpulver, Gewürze, Pflanzenmargarine, Marzipan, Vanillezucker*

Zutaten

150 g Pflanzenmargarine,
300 g Dinkelvollkornmehl,
1 TL Backpulver,
100 g Zucker,
1 Päckchen Vanillezucker, Mark einer Vanilleschote,
1 Prise Zimt,
1 Prise Salz,
1 Ei,
100 g Marzipan-Rohmasse

Guss:
250 g Puderzucker,
1 Eiweiß,
Verzierungsmaterial

Zutaten

300 g Dinkelvollkornmehl,
120 g Puderzucker,
1 Päckchen Vanillezucker,
Mark einer Vanilleschote,
1 TL Backpulver,
1 Prise Salz,
200 g Pflanzenmargarine, 1 Ei,
1 Eigelb

Zum Bestreichen:
Himbeerkonfitüre

Weihnachtsplätzchen mit Himbeerkonfitüre

Zutaten zu einem sämigen Teig verarbeiten:

1. Pflanzenmargarine, Ei, Eigelb, Salz, Vanillezucker, Mark der Schote und Zucker schaumig rühren.
2. Dinkelmehl und Backpulver vermischen und mit dem Teig verkneten.
3. Im Kühlschrank zwei Stunden kalt stellen.
4. Spritztülle mit Teig füllen und kleine Tupfen auf ein mit Backpapier belegtes Backblech spritzen. (Oder Fleischwolf mit Gebäckvorsatz verwenden.)

Backen:

E-Herd: 200°C vorheizen, Backzeit ca. 10 Minuten
Nach dem Backen sofort mit Himbeerkonfitüre bestreichen und trocknen lassen.

Achtung Plätzchen laufen stark! Möglichst feste Pflanzenmargarine verwenden.

! *Backpulver, Pflanzenmargarine, Vanillezucker*

Schneehäubchen

1. 3 Eiweiß steif schlagen, dann 5 EL abheben und beiseite stellen.
2. Mandeln in einer Pfanne anrösten, abkühlen lassen.
3. Langsam den Puderzucker unter die Eischneemasse heben. Mit Zimt abschmecken.
4. Die gerösteten Mandeln ebenfalls unter diese Masse heben.
5. Mit zwei Teelöffeln kleine kugelige Kleckse auf das Backblech setzen.
6. Mit dem restlichen Eischnee die Kugeln bestreichen.

Zutaten

3-4 Eiweiß, 250 g Puderzucker, 140 g gemahlene Mandeln (oder Haselnüsse), 1 Prise Zimt

Backen:

Ofen nicht vorheizen, Heißluft bei 125°C
Backzeit ca. 20 Minuten

! *Gewürze*

Zutaten

200 g Weizenmehl,
1 TL Backpulver,
50 g abgezogene, gemahlene Mandeln,
125 g Puderzucker,
1 Päckchen Vanillezucker,
5 Tropfen Backaroma Rum,
Mark einer Vanilleschote,
1 Prise Zimt,
1 Prise Salz,
3 Eigelb und
3 hart gekochte Eier,
160 g feste Pflanzenmargarine

Zusätzlich zum Bestreichen: Eigelb

Süße Plätzchen

(Zum Ausstechen geeignet)

1. Pflanzenmargarine, Zucker, Vanillezucker, Mark der Vanilleschote, Zimt, Backaroma und Puderzucker kräftig verrühren.
2. Hart gekochte Eier schälen, das Eigelb durch ein Sieb passieren. Das Eiweiß wird nicht verwendet.
3. Passierte Eimasse in den Teig geben, die gemahlenen Mandeln ebenfalls. Alles gut mischen.
4. Weizenmehl und Backpulver zu der Teigmasse geben zu einem Teig verkneten.
5. Teig für 2 Stunden kalt stellen.
6. Teig ausrollen und Plätzchen ausstechen.
7. Auf ein mit Backpapier belegtes Backblech setzen.

Backen:
E-Herd: 170°C, vorheizen
Ober/Unterhitze unterste Einschubhöhe
Backzeit ca. 10-15 Minuten

Heißluft vorheizen bei 150°C
Einschubhöhen 1, 3 und 4
Backzeit ca. 9-12 Minuten

Nach dem Backen sofort mit Eigelb bestreichen.
Wer will, kann auch mit Rumglasur oder Zitronenglasur verzieren.

Rumglasur:
2-3 EL Rum mit Puderzucker vermischen, bis ein dickflüssiger Brei entsteht.

Zitronenglasur:
2-3 EL Zitrone mit Puderzucker vermischen, bis ein dickflüssiger Brei entsteht.

! *Backaroma, Gewürz, Pflanzenmargarine, Vanillezucker*

Spritzgebäck

Zutaten zu einem festen Teig verarbeiten:

1. Pflanzenmargarine, Zucker, Vanillezucker, Mark der Schote und Eigelb schaumig rühren.
2. Gemahlene Haselnüsse mit unterrühren.
3. Mehl und Backpulver vermengen. Alles langsam in den Teig einrühren und gleichmäßig vermischen.
4. Teig ca. 2 Stunden ruhen lassen. Wenn möglich bis zum nächsten Tag.
5. Teig durch einen Fleischwolf mit einem besonderen Vorsatz für Spritzgebäck drehen. Aus den entstehenden Strängen Stücke in Plätzchengröße abschneiden und auf ein mit Backpapier ausgelegtes Backblech legen.

Backen:
Ofen vorheizen: E-Herd: 175-200°C, Gas: Stufe 3-4
Backzeit ca. 10 Minuten, je nach gewünschtem Bräunungsgrad

Nach dem Backen kann das Gebäck mit Guss verziert werden.

Puderzuckerguss:
100 g Puderzucker mit 1 1/2 EL Rum anrühren, sodass eine dickflüssige Masse entsteht.
Auf die noch heißen Plätzchen pinseln.

Zartbitter-Schokolade zerlassen, mit Pflanzenmargarine mischen und auf die Plätzchen streichen.

! *Pflanzenmargarine, Vanillezucker, Zartbitter-Schokolade*

Zutaten

300 g feste Pflanzenmargarine,
200 g Zucker,
2 Päckchen Vanillezucker,
Mark von 1 Vanilleschote,
3 Eigelb,
300 g Mehl,
2 TL Backpulver,
200 g gemahlene Haselnüsse oder Mandeln

Leben ohne Milchzucker

In Deutschland leiden 15 % der Bevölkerung an Milchzucker-Unverträglichkeit. Die Beschwerden wie z. B. Bauchschmerzen oder Schwindelgefühle treten unvermittelt auf und verschwinden wieder, so dass viele Patienten einen langen Leidensweg bis zur Diagnose haben. Die Ursache: Milchzucker-Unverträglichkeit. Dieses Buch hilft die Ursachen zu erkennen und Beschwerden zu beseitigen. Mit Listen laktosefreier Lebensmittel und vielen Adressen, die weiterhelfen, wie z. B. die von Selbsthilfegruppen.

T. Schleip
Laktose-Intoleranz
104 Seiten
ISBN 3-431-04027-6

Besuchen Sie uns im Internet:
www.luebbe.de

Ehrenwirth
in der Verlagsgruppe Lübbe